Envolée

Illustration de couverture : Azaïs de Préville

MAME
Direction : Guillaume Arnaud
Direction éditoriale : Sophie Cluzel
Direction artistique : Armelle Riva
Direction de la fabrication : Thierry Dubus

Édition : Emmanuelle Rivoire-Grimaud, avec Valentine de Saint Blanquat
Direction artistique de l'ouvrage : Thérèse Jauze
Fabrication : Marie Dubourg
Mise en page : Pixellence

www.mameeditions.com
57, rue Gaston-Tessier, 75019 Paris
ISBN : 9782728930432
MDS : MM 30432

HÉLÈNE MACHELON

Envolée

UN RÉCIT BOULVERSANT
SUR LA PERTE D'UN ENFANT

MAME

« On reconnaît le bonheur au bruit qu'il fait
quand il s'en va. »
« Il faudrait essayer d'être heureux,
ne serait-ce que pour donner l'exemple. »
Jacques Prévert

Pour toi, Jeanne, mon enfant.
Tu n'étais pas née pour cette vie.

Pour Paul, Capucine et Olivia.
Pour Gilles.

Des portraits dépeints, seuls les nôtres, ceux du père et de la mère, sont authentiques.
Rose est le troisième prénom de Jeanne.

Les **enfants-bulles** ou **bébés-bulles** sont de petits patients dont les défenses immunitaires sont fortement affaiblies, voire inexistantes, si bien que, pour leur survie, ils sont placés sous une enveloppe de plastique en atmosphère totalement stérile.

Préface

« Docteur, je vais mourir ? » me demande le jeune Thomas, un matin d'avril. Il s'apprête à vivre sa dernière journée, entouré des siens.

Cette question directe et sans équivoque qu'il me pose, à moi son pédiatre, appelle une réponse tout aussi claire. Néanmoins, je cherche mes mots pour dire l'indicible – la vérité est si difficile à prononcer et plus encore à entendre. Thomas a confiance en moi, je lui dois la vérité.

Comment annoncer que l'heure est venue ? Comment guider la fin de la vie d'un enfant et accompagner dignement sa famille ?

La perte d'un enfant est sans aucun doute l'événement le plus douloureux qui soit pour une mère. Hélène nous livre un récit bouleversant par la sincérité du regard sur ce que l'on ne dit pas, sur ce qui dérange.

J'ai été touchée au cœur en y retrouvant des instants de vie à travers des portraits réalistes des soignants et des aidants. Tous s'affairent à leur façon pour soulager au mieux, avec empathie et bienveillance, la souffrance de la famille. Parfois aussi, avec maladresse ou détachement car rien n'est simple, même pour des personnes régulièrement confrontées à la maladie et à la mort.

Je rencontre d'autres « Hélène » qui avancent sur leur chemin de croix de mère, leur enfant quittant ce monde.

Consoler, écouter ou soulager ne s'apprend définitivement pas sur les bancs de la faculté de médecine : cela se vit dans son cœur et dans son âme.

J'avance souvent comme un équilibriste sur le chemin délicat de l'accompagnement vers la fin. Je reçois tellement, bien plus encore que ce que je tente de donner.

Ce récit, dans lequel pourtant personne n'est jugé, fait écho au sentiment de culpabilité, d'échec et même parfois d'abandon que j'ai pu ressentir lorsque je n'ai pas pu guérir certains de mes petits patients. Il apporte aussi un éclairage à ceux qui veulent accompagner des familles éprouvées et qui cherchent la juste distance.

Merci, Hélène, pour ce cadeau partagé, nous traversons avec votre « Rose » des tranches de votre vie mais aussi l'intimité de ceux qui œuvrent dans l'ombre, qui travaillent avec leur cœur.

À mon tour de vous révéler une certitude : chaque patient garde une place particulière dans le cœur de son soignant, nous ne vous oublions pas.

Ce livre va vous emporter, vous faire sourire, mais probablement vous faire pleurer aussi.

Il est beau et délicat. Un magnifique hommage à la vie, un cri, une claque.

Solesne Papillard-Maréchal,
pédiatre spécialisée en Onco-hématologie

1ère partie

LA PÉDIATRE,
LA FEMME-ORCHESTRE

2004. Un coup de fil les avait annoncés, nous attendions les petits nouveaux pour voir de quoi ils avaient l'air. Mon collègue de l'hôpital Trousseau m'avait brossé un rapide portrait et je passais dans le couloir avec une pointe d'anxiété lorsque l'hôtesse d'accueil m'a indiqué d'un hochement de tête qu'enfin, ils montaient.

Pas d'entorses, de points de suture ni de poignets fêlés à notre étage. Chez nous, les profils sont d'un autre type : celui qui s'installe vit et prend racine pendant des mois, voire des années dans mon service. J'espérais que le courant passerait entre nous. Étourdie par la masse de travail à accomplir, j'étais soumise à de forts sentiments qui, d'une seconde à l'autre, se télescopaient. J'étais à la fois grisée, fatiguée, motivée et découragée.

Mais nous étions prêts, nous allions écrire et inventer leur histoire.

La chambre avait été désinfectée et préparée selon le protocole habituel. La veille encore, elle était celle du petit Franz qui, en rémission, avait quitté l'hôpital. Il était fou de joie, magnifique de fierté comme un héros de retour au village après une guerre sanglante. Il avait gagné, il avait vaincu. Par contagion, sa joie s'était diffusée et, ce matin encore, flottait dans le service l'énergie fédératrice de la victoire. Mon regard s'est fixé machinalement sur la porte du sas en attendant qu'elle s'ouvre dans le clac métallique si reconnaissable.

Ils ont débarqué, aux abois, avec des yeux grands ouverts. Ils suivaient le brancard de leur petite en se décalant légèrement pour permettre aux ambulanciers de travailler. Perdus mais présents. À l'affût du moindre détail de leur nouvel environnement et pourtant totalement absorbés par leur enfant. Détachés d'eux-mêmes, ces parents présentaient déjà la capacité surhumaine de s'oublier totalement. Pareils aux autres parents de cet étage, dépourvus de la moindre particule d'égoïsme ou d'amour-propre. Envolés tous deux vers leur seule raison de vivre, leur fille. Face au front, ils comprenaient pleinement la gravité de la situation sans pour autant envisager les dangers et les épreuves à venir.

Il y avait le feu, leur famille brûlait.

Rapidement le personnel soignant s'est agité autour d'eux à coups de sourires bienveillants et encourageants. Ce n'est pas mon point fort, j'ai laissé faire les infirmières de l'équipe bien plus douées que moi.

Je me suis mise légèrement à l'écart et je les ai regardés arriver. J'ai croisé les regards curieux et compatissants d'autres parents qui sortaient de la salle commune. Il était si facile de lire en eux : ils les jaugeaient et se demandaient s'ils deviendraient au fil des semaines des amis sincères ou des compagnons du devoir embarqués dans la même galère. Ils se tenaient là et les yeux du service au complet étaient rivés sur eux, les nouveaux. Il faudrait les choyer, puisque, comme chacun ici, ils étaient spéciaux et forçaient l'admiration.

À leur corps défendant, ils étaient passés du côté des demi-dieux vénérables dont personne n'envie le sort.

En retrait, j'ai pu les détailler et préparer ainsi mentalement notre futur entretien de présentation qui devait avoir lieu dans l'heure. Ils semblaient si jeunes, ils m'ont fait l'effet de deux communiants, deux enfants en portant un troisième. Des « gamins », ce fut le premier mot qui me vint à l'esprit, voilà ce qu'ils étaient.

Bientôt, j'ausculterais l'enfant sous toutes ses coutures et, par ce premier contact physique, j'établirais le lien si précieux. Lui parler et tenir son regard en baladant mes instruments sur son corps avec ces mêmes gestes que je répète cent fois par jour.

Je me suis sentie m'affaisser considérablement sous le poids de la responsabilité. Se rendaient-ils seulement compte du vertige qui les attendait ?

L'espace d'une seconde, j'ai eu envie de déclarer forfait.

Je ressentais, mêlée d'impatience et d'appréhension, l'envie frénétique de me mettre au travail sur-le-champ, pour tout comprendre. Chercher et trouver des solutions au nom de la vie, noircir au plus vite la page blanche face à l'immensité du problème. C'est mon boulot : réparer des gènes défectueux, emmêlés ou endormis.

J'avais pour défi de faire vivre et grandir cette enfant. Puis, une fois sauvée, de la remettre entière à ses parents pour qu'elle devienne comme toutes les autres.

Chaque matin, je remonte la rue de Sèvres et j'entre à Necker par l'impasse de l'Enfant Jésus. C'est mon territoire. Je retrouve les enfants qui sont un peu les miens, avec leur lot de petits ou de grands maux, de bonnes et de mauvaises nouvelles. Je cache derrière ma blouse la tendresse que j'éprouve pour eux et ne laisse paraître que l'empathie.

Une douleur aiguë court le long de ma nuque et me rappelle le poids que je porte. Elle se réveille, insidieuse comme une crampe, les nuits que je passe à gamberger en m'usant les yeux sur les rapports des dernières découvertes de confrères à l'autre bout du monde. Je déteste lancer des paris trop risqués sur des vies tout juste commencées et je tremble à l'idée que nous fassions fausse route. Finalement, je suis condamnée à chercher et à n'avoir jamais l'esprit pleinement serein.

Ce couple qui m'était hier encore inconnu, je le connaissais déjà. Il ressemblait à tant d'autres qui espèrent tout et s'accrochent à nous comme à la bouée de la dernière chance. Dans les yeux des parents, je lis l'abandon de ceux qui n'ont pas d'autre choix que celui de faire confiance. Nous sommes le chemin qui sauve, que l'on suit sans savoir où il va, convaincus que la lumière est au bout. Pour eux, je suis celle qui sait. Sans nous avoir choisis et sans rien savoir de nous, ils s'abandonnent les yeux fermés, en remettant leur vie entre nos mains.

Lorsque j'ai posé les pieds en immunologie, il y a quelques années déjà, j'ai été précipitée dans un monde terriblement cruel dans lequel je survis sans m'y être pour autant habituée. Être chef de clinique en immunologie pédiatrique peut paraître à la fois effrayant et héroïque, ce qui me ferait briller dans les dîners où finalement je ne vais pas. Je n'ai ni le temps, ni l'envie. Je donne ma vie pour la leur. Je sais pour qui je me lève chaque matin.

Et pourtant, cette fois-ci, cela n'a pas suffi.

Je n'ai pas sauvé la petite Rose.

Nous avons échoué. C'est odieux, c'est chez moi que ça se passe. Je la vois partir, glisser vers la fin comme d'autres avant elle. Rose va s'en aller ce matin, lourde de tentatives et de traitements révolutionnaires. Elle emmène avec elle des bribes d'espoirs de protocoles nouveaux qui sont, nous le savons maintenant, une impasse. Rose s'éteint, riche de sa courte vie si intense, si incroyable. Elle a l'étoffe des vainqueurs, de ceux qui changent la face du monde et qu'on garde en exemple. Sa vie ne tient qu'à la main de l'homme, celle du médecin, la mienne qui la retient de force dans ce monde dont elle ne veut plus. Cette même main, en accord avec ses parents, va débrancher la machine qui la maintient en vie pour la laisser partir et trouver la paix tant méritée.

Il y a quelques jours, j'étais de garde, tout s'est emballé et nous n'avons plus rien maîtrisé de l'enchaînement des organes qui yoyotent les uns après les autres. Les infections pulmonaires et intestinales se multipliaient, Rose se fanait. L'escalade jusqu'au choc septique et j'ai vu le moment où j'allais la perdre, là, en pleine nuit. Ses parents n'auraient pas eu le temps de lui dire au revoir, ils auraient poussé la porte d'entrée, comme chaque matin, et leur fille ne les aurait pas attendus, elle aurait déjà quitté ce monde, sans leur dire adieu. Au cours de ces heures infernales, nous nous sommes toutes les deux battues bec et ongles contre la mort et, dans un effort désespéré, je l'ai rattrapée.

Sur le fil.

La maladie nous a concédé un ultime répit. Court certes, mais suffisant pour préparer la suite et élaborer une stratégie. À l'arrivée de ses parents, Rose a rejoint les soins intensifs trois étages plus bas. Placée dans un coma artificiel permettant à son corps de se reposer, elle ne dépendait plus de moi. J'étais dépitée. Je l'ai remise à contrecœur entre les mains d'un collègue et nous n'avions plus qu'à attendre un miracle: les derniers jours, juste avant de baisser les bras, de débrancher la machine et d'admettre notre défaite, humblement, nous suspendions nos actes.

J'ai beau être cartésienne, je crois au miracle, au vrai, à celui qui n'a rien de scientifique. Lorsque nous avons tout tenté, et que plus rien ne dépend de nous, nous l'attendons. Le médecin lui laisse le temps et la chance de se pointer pour renverser le destin. J'ai été parfois témoin de cet élan irrationnel et surhumain du corps qui reprend vie et raye la maladie. Il nous laisse tous sans voix et pour une fois, modeste et petit devant lui, le médecin se tait.

Tel le phénix, le corps refuse la mort et la balaye, l'état du malade s'améliore considérablement en quelques heures. Les médecins, passifs et patients, deviennent de simples spectateurs émerveillés, accompagnateurs de l'instant magique et si rare. Le miracle, on l'espère en silence, sans bouger, on ne voudrait surtout pas le déranger, qu'il change d'avis, qu'il fasse demi-tour. Il n'est évoqué dans aucun enseignement à la Faculté, personne ne le croise entre deux pages d'anatomie mais c'est bien ici qu'on le rencontre.

Le miracle n'est pas venu pour la petite Rose. Il a passé son chemin.

Ce matin, pour visiter la famille de la petite aux soins intensifs, je descends deux étages. C'est la fin... Il me faut la leur annoncer. Tout a été tenté et nous avons à prendre, ensemble, l'ultime décision qui ressemble davantage à une voie sans issue : débrancher les appareils.

Je laisse en suspens la poignée de la porte pour les regarder tous les trois à travers la vitre. Je suis projetée quelques mois plus tôt, au moment de leur arrivée. Ce sont toujours ces deux enfants aux côtés de leur enfant mais ils ont perdu la fraîcheur et l'enthousiasme de nos premiers entretiens.

Ils semblent las ; leurs gestes sont lourds et lents. Dans cette minuscule pièce autour du petit corps inerte encore relié par un fil à la vie, la mesure régulière du pouls brise le silence. Ils relèvent la tête et esquissent un même sourire fatigué mais sincère. Plus de rires, ni de jeux autour de l'enfant, juste le silence. Un doudou abandonné traîne dans un coin du lit, délaissé par sa propriétaire. Ils se tiennent là, accablés comme deux veilleurs aphasiques, indifférents aux bips stridents.

La vision d'un radeau à la dérive, d'une vie en suspens entre ciel et terre que j'ai le pouvoir d'allumer ou d'éteindre. Je joue un si mauvais rôle dans cette antichambre funèbre. Je déteste être là. Je voudrais détaler et me terrer.

Je ne suis pas à ma place dans la relation triangulaire de ces êtres où la souffrance s'est infiltrée un peu plus, jour après jour.

Nous nous fixons quelques secondes et je propose que nous nous isolions hors de la chambre. Dociles, ils me suivent, peut-être déjà résignés. J'aurais aimé que ces quelques pas durent des heures, repoussant l'échéance de cette fatalité qui viendra les faucher. Je les laisse s'installer sur le canapé de cuir noir, je prends place sur une chaise à une distance étudiée, ni trop près, ni trop loin. La tension est palpable, il n'y a pas de bureau entre nous pour nous protéger les uns des autres. Progressivement, j'accompagne ce couple par paliers vers la mort. L'heure du glas sonne.

Dans une grande inspiration, je débite mon discours tristement assassin savamment préparé. Je n'improvise pas, je dis exactement ce que j'ai répété à voix basse dans mon bureau quelques instants plus tôt, en prenant toutes les précautions. Je pose une voix claire et pèse chaque mot en détachant imperceptiblement chaque syllabe. Aucun faux pas, aucune erreur n'est possible. Rose ne sera pas sauvée, nous avons fait tout ce que nous pouvions, il est temps de la laisser partir. Je leur propose en douceur, et nous avons le temps d'en discuter, de débrancher dans les prochaines heures le respirateur qui la maintient en vie.

Collés l'un contre l'autre sur un bout du canapé, ils se tiennent par la main. Aucun mouvement, les yeux fixés au sol, chacun retient son souffle. Nous savions que c'était une possibilité mais ni eux, ni moi, n'avions jamais voulu y croire. Pourtant, nous y sommes.

Tout l'air de la pièce semble avoir été aspiré. J'attends une réaction, un geste fou. Que l'on m'insulte en me sautant à la gorge comme c'est arrivé une autre fois, que l'on me jette les quelques magazines en me crachant à la face. Je suis le démineur qui a coupé le fil rouge, j'attends une riposte explosive. Ça va sauter, c'est sûr.

Non, aucune folie, aucun cri, ni même un sanglot étouffé. Leurs mains se tordent, crochetées l'une à l'autre. Ils restent dignes et hochent la tête. Sont-ils bien là ? Ont-ils seulement compris ? Je ne suis plus si sûre.

Puis une voix se lève, à peine audible, comme arrachée d'une gorge : « Vous voulez dire que le miracle ne viendra plus ? »

Je réponds qu'en effet, le corps de Rose n'a pas donné les sursauts que nous attendions.

Silence.

« En combien de temps notre fille partira après l'arrêt de la machine ?

– Quelques instants seulement. »

Manière musclée de signifier que seuls les appareils retiennent l'enfant.

Autres hochements de tête dociles. Je n'impose rien, j'oriente et j'espère leur oui. Au fond, personne n'est dupe, ils n'ont aucun choix.

C'est fini.

Au diapason, leurs yeux tristes accompagnent le « oui » tant espéré au retrait de l'intrusion médicale sur leur fille et refusent ainsi tout acharnement thérapeutique. Ils auront la matinée pour lui dire au revoir et, dès qu'ils seront prêts, nous nous tiendrons à leur disposition. Ce matin, nous avançons sur le chemin au rythme de leurs pas. Sur la pointe des pieds, nous quittons ensemble la pièce.

Je me sens vide et j'ai envie de me cacher pour oublier. De m'allonger et de pleurer sur cette vie de sacrifices. Je veux boire à la mauvaise santé des enfants. À ma vie dédiée à leurs maux, à mes dîners annulés, aux anniversaires-surprises reportés et aux vacances en Italie oubliées. J'ai l'intuition persistante que Rose est née quelques années trop tôt, que, dans cinq ans, nous l'aurions sauvée. Nous avons peut-être fait des erreurs de stratégie et seules mon équipe et moi en avons connaissance. Mais nous étions si près du but, à deux doigts de corriger les manques et les erreurs de la nature. Nous avions eu, tout au long de la maladie, tant de signes positifs et encourageants. Et puis non, nous avons perdu.

Pour être bien certaine de ne croiser personne de l'équipe, je prends un double expresso à la cafétéria des visiteurs.

Mais je ne reste pas seule longtemps, Victoria aux yeux de biche s'invite à mon café. J'ai perdu ma toute-puissance de médecin au décès de ma première patiente. Ses parents l'avaient nommée ainsi tant ils s'étaient battus pour l'avoir. Des années à l'espérer, à la couver, à l'adorer. Ont suivi les sales années à la soigner puis à la pleurer. Avec son décès, j'ai perdu ma naïveté et mes certitudes insolentes de jeune médecin insupportable qui croit tout savoir sur tout. J'ai été remise violemment à ma place : où nous étions-nous trompés ? Une mauvaise tactique ? Un protocole incorrect ? Le temps nous avait-il rattrapés ? Un miracle capricieux était-il occupé sous d'autres cieux ? Nous avions rassemblé la matière grise de toute l'équipe pour soigner Victoria et je n'aurais pas pu porter seule la responsabilité de cette fin. J'ai posé par la suite un regard différent sur mes petits patients. Je les ai vus toujours plus fragiles, plus vaillants, plus beaux, plus héroïques et peut-être même plus éphémères. Avec le sentiment coriace de vouloir les garder en vie coûte que coûte car demain nous pourrons trouver le protocole qui nous mène vers leur guérison. Ceux qui ne savent pas diront qu'il s'agit d'orgueil et même de vanité. Non, vraiment, je ne crois pas, c'est une foi immense en l'homme et en la médecine, celle qui refuse tout fatalisme pour un monde meilleur.

Je me sens si lasse, j'hésite même à remettre à plus tard ma tournée des visites, mais Boubakar, Sébastien, Yasmine ou Héloïse ne peuvent bien évidemment pas attendre. Comment ont-ils passé la nuit ? Marie respire-t-elle mieux ce matin ? Le cathéter de Thomas se bouche-t-il toujours ?

Je dois continuer, m'extraire, me lever, faire quelques pas. Vite me ressaisir, encore et toujours pour ceux qui restent, pour ceux qui viennent. Tout de suite, me remettre au travail. J'ai des pages d'articles récemment publiés à étudier et des bilans sanguins à éplucher. Je vais chercher encore et toujours. Derrière les chiffres des analyses, il y a des enfants. Ils sont l'espoir. Je connais la force de chacun, son caractère, son combat. Ici, il n'y a pas d'autre choix que guérir, les tièdes n'ont pas leur place.

On rechute aussi parfois et la vie me glisse entre les doigts.

Je n'ai pas sauvé la petite Rose, pardon.

Sa chambre n'est vide que depuis quelques heures seulement et, déjà, je reçois un appel de Saint-Antoine. Gabriel, âgé de quatre mois, et sa mère sont en route. C'est un cas compliqué. Toujours la même rengaine d'un enfant à sauver avec des gènes défaillants.

Je ne suis plus la jeune externe échouée en pédiatrie pour son premier stage. J'évolue depuis des années dans ce monde où la mort s'invite trop souvent. J'ai tant de choses à raconter, je voudrais trouver un moment pour m'asseoir et écrire ce que je vis, ce que je vois. Pour ceux qui sont dehors, et qui n'imaginent pas.

LA MÈRE ET L'ENFANT VÉGÉTAL

Saviez-vous que les petites filles naissent pour faire tourner leur jupon de princesse jusqu'à s'étourdir, pour massacrer les bâtons de rouge à lèvres en se tordant les chevilles sur les escarpins de leur mère, pour sauter sur les lits et s'admirer dans le grand miroir de l'entrée en récitant des poèmes ?

La mienne aussi.

Enfin, c'est ce que je croyais.

Je ne retiendrai pas les mèches rebelles de ma Rose dans un chignon haut pour son gala de danse puisqu'elles sont tombées par poignées, il y a déjà plusieurs mois.

Ma petite fille est morte ce matin.

Avoir des enfants, c'est risquer de les perdre.

Nous avons débranché la machine et, pour nous prouver que nous avions pris la bonne décision, elle est partie dans l'instant. Comme ça.

Ses poumons n'ont même pas fait, pour nous faire plaisir, un semblant d'effort pour s'activer.

Nous avons étouffé nos souffles, laissant à la vie une chance de reprendre ses droits. C'était le moment de choisir de rester. Dans un sursaut, elle le pouvait encore.

Rien.

Dans la seconde, elle s'est éteinte et nous a plantés là dans notre piteuse existence.

Son médecin n'avait pas menti. J'aurais préféré. Elle a voulu nous faire croire que nous avions le choix mais c'était faux. Nous sommes restés là, comme deux épaves penchées sur ce qui nous restait : le minuscule corps de Rose en miettes qui durant des mois a été scanné, radiographié, échographié, analysé, manipulé, forcé, injecté.

Mais c'est fini. C'est notre ange maintenant.

Tout s'est arrêté en même temps que l'insupportable vibration du tapis sur lequel elle reposait, nous plongeant dans un silence vertigineux. Les médecins sont sortis discrètement de la chambre, respectueux de la solennité du moment. Je n'ai rien vu, ni entendu.

Je n'avais jamais croisé la mort, même de loin ou brièvement. Aujourd'hui, je l'embrasse ou plutôt c'est elle qui m'embrasse dans un long baiser subi. Elle me force, elle me tord, elle fait de moi ce qu'elle veut.

La terre s'ouvre et nous engloutit. L'éclipse est totale ; j'aurais donné ma vie mais c'est la sienne, à peine éclose, qui a été choisie.

Je n'ai ni faim, ni soif, ni sommeil. Je n'ai plus peur, le pire est arrivé. Le vide que Rose nous laisse est abyssal, je ne sais pas quoi faire de mes mains, de mes bras, de ma tête. Je me sens tellement inutile.

Qu'allons-nous devenir ? Qu'avons-nous fait de mal ? À l'âge où nos amis dansent insouciants dans les fêtes bruyantes, nous sommes de tout jeunes mariés vieux de cent ans.

Gilles est là, Rose n'est plus.

Je ne sais pas depuis combien de temps je suis assise seule dans le long couloir du service d'immunologie. Je suis sortie des soins intensifs sans même m'en rendre compte, il est probable qu'une personne m'ait accompagnée et assise sur ce banc.

Gilles ne va plus tarder. En ce moment, il procède avec l'infirmière à la dernière toilette de notre Rose, juste avant son transfert vers la chambre mortuaire. Je l'admire, je ne sais d'où lui est venu l'immense courage que nécessite l'exécution de ces gestes d'amour. Lorsque l'infirmière nous a proposé de rester, j'ai couru vers la sortie et Gilles a accepté naturellement sans y réfléchir, tous deux dans un élan diamétralement opposé. Nous nous sommes séparés sans échanger un regard, Gilles déjà absorbé par sa tâche à venir.

Je l'imagine passer un gant d'eau tiède sur son corps abandonné sans rencontrer de résistance. Même si cela n'a plus d'importance, il prend garde de ne pas mettre de savon dans les yeux de notre fille. Il hésite puis reprend. À l'aide d'une serviette rêche de l'hôpital, il sèche méticuleusement chaque centimètre carré de sa peau. Je peux sentir la douceur de ses gestes maladroits qui veulent bien faire. Avec l'infirmière, il tend un drap blanc immaculé qui couvre le petit corps. Ces choses se passent en ce moment. Sans moi. Je me sais lâche de ne pas être à ses côtés. Il m'en veut certainement. Je devrais être près de lui et non cette inconnue qui ne sait rien de nous. Nous devrions être, à cette seconde, des parents à l'unisson, branchés sur la même fréquence. Mais non, je n'ai pas pu, je ne suis pas au rendez-vous.

« Vous serait-il possible de déménager la chambre ? », me demande-t-on en prenant des pincettes. Évidemment, je n'avais pas envisagé que ce matin serait le dernier de Rose et je n'ai pas apporté de valise. On me remet donc un immense sac-poubelle jaune transparent pour y placer tous ses effets. Je n'ai pas le cran de faire seule le transfert, je n'entre pas dans la chambre et préfère attendre Gilles qui ne remonte pas. Le temps s'étire. L'espace d'une seconde, je me demande s'il a quitté l'hôpital en m'oubliant ici. Non, impossible, il n'a pas le droit lui aussi de m'abandonner.

Vissée sur ma chaise, je regarde la valse incessante du service qui jamais ne se repose, continue à vivre et à tourner sans nous. Il fourmille, rien ne semble avoir changé, il manque juste un enfant. Rentrons chez nous, nous n'avons plus personne à protéger et ce n'est pas ici qu'on nous sauvera, nous.

Où est Gilles ?

Juste avant que Rose n'entre dans le coma, on a certainement dû m'expliquer que le moment était venu de lui dire au revoir, qu'il s'agissait des derniers instants où elle serait consciente et que je devais les vivre de tout mon être. Forcément, c'est évident. Ça paraît stupide, mais non, je n'avais pas compris. Je n'ai pas fixé les derniers instants qui me seront nécessaires pour supporter ma vie sans elle.

Ce n'est pas tout à fait juste, une femme avait cherché à nous avertir. Sa brutalité sans filtre de réanimateur au petit matin d'une nuit de garde me revient en mémoire : « Je ne sais pas ce qu'on vous a raconté mais ce sont des histoires, ne rêvez pas, votre fille est condamnée. » Elle était trop épuisée pour prendre des gants et rêvait davantage d'une douche ou d'une cigarette que d'un tête-à-tête avec des parents incrédules. Elle craignait qu'on lui tienne la jambe, il fallait que l'on saisisse vite, quitte à être cruelle. Elle était pour moi illégitime, je ne voulais rien entendre de cette inconnue mal dégrossie. Je n'ai pas voulu croire, je décrétais qu'elle ne savait rien et que son avis n'avait aucune valeur.

Faisons marche arrière ! Je n'ai pas eu le temps de lui dire adieu comme je le désirais, tout est allé trop vite. Je ne me souviens plus des derniers mots que je lui ai murmurés à l'oreille. Il fallait me parler comme à une enfant, me dire ce que je devais faire, me mâcher le travail. Ce n'est qu'une simple prise de courant après tout, remontons le temps et revenons où nous nous sommes arrêtés. J'ai changé d'avis ! Je ne suis pas prête ! Vous entendez ? Je ne veux plus ! Je ne peux vivre sans elle. La folie vient me cueillir.

Rebranchez-la ! Maintenant !

Laissez-la grandir, bientôt Rose fête son premier anniversaire.

Mon cerveau se fendille et des images cruelles de l'arrêt des machines m'apparaissent avec foule de détails. Je les chasse, je ne les laisserai pas salir ta mémoire.

Certains jours, en réanimation, d'immenses draps blancs pendaient aux vitres et cachaient, par un voile de pudeur, l'intimité et la souffrance des familles de l'enfant qui n'est plus. Ce matin, notre tour était venu, des draps avaient été tendus. Je n'ai pas pu faire signe à l'enfant-bloc de la chambre d'à côté qui, plâtré des pieds à la tête, me répondait du bout d'un doigt et d'une paire d'yeux mobiles. Il passait ses journées muré de blanc et, sans le nom sur la porte, il était impossible de deviner qu'il s'agissait d'un garçon. Seuls les soins des infirmières et les visites des médecins animaient son décor. À cet instant, je pense à lui et espère qu'il se répare dans un autre service de l'hôpital.

Le 24 décembre dernier, le soir du réveillon, toute l'équipe médicale est entrée bruyamment dans la chambre de Rose que nous nous apprêtions à coucher. Au complet, internes et professeurs riaient dans une même complicité, tous coiffés d'un bonnet de Père Noël. Ils étaient joyeux, avaient certainement bu et leur bonne humeur communicative était réconfortante. Nous nous attendions à recevoir leurs vœux les meilleurs pour cette nouvelle année qui pointait son nez. Mais il y avait quelque chose d'autre. Ils jubilaient de l'annonce qu'ils allaient nous faire. Notre pédiatre, un savant fou au féminin, a lancé de sa voix éraillée par le manque de sommeil : « La greffe a pris ! Joyeux Noël ! », suivi d'un applaudissement collectif euphorique. Puis l'interne a ajouté que nous pouvions danser sur les tables et fêter Rose. Une bouffée de fierté se lisait sur leurs mines satisfaites. Puis, ils ont poursuivi leur tournée en distribuant le contenu de leur hotte, pleine de grandes nouvelles qu'ils avaient retenues toute la semaine pour les chambres suivantes.

À leur suite, un balai enchanteur d'infirmières hilares est entré nous féliciter. La greffe de moelle osseuse avait pris ? Vraiment ? C'était notre grâce de Noël. Il y a quelques semaines, nous avions regardé, sceptiques, le liquide transparent dans la poche suspendue passer de moi à toi en nous disant : « C'est tout ? Ça va vraiment sauver notre fille, vous y croyez, vous ? On dirait juste de l'eau plate. »

J'ai regardé Rose qui ne pouvait pas nous faire de plus beau cadeau. Au moment où nous parlions, elle acceptait mon don de moelle et un peu de moi se distillait en elle. Enfin, je participais à sa guérison et c'était grand. Je devenais la pièce manquante de son corps défaillant, ce peu allait remettre de l'ordre dans son puzzle cellulaire. Elle m'acceptait, nos corps fusionnaient, nous étions compatibles, j'exultais. Notre petit pas de géant vers la lumière et notre tout premier espoir dans ces mois de maladie. Nous sommes rentrés dans nos familles en conquistadors, pour annoncer notre victoire et sabrer le champagne.

Merci mon Dieu, notre fille allait guérir, nos prières avaient été entendues et Rose renaissait. Nous pouvions sentir l'énergie nous soulever, le miracle était en marche, il venait pour nous.

Naïfs, nous étions. Perfide, la maladie a repris le dessus, allant plus vite que les racines de la greffe.

Je voudrais que le monde s'arrête un instant de tourner pour pleurer ma fille.

Fermez vos volets ! Je n'ai plus l'envie de vivre. Le soleil devrait par décence se mettre en berne.

2e partie

LE JOUR DU CLOWN TRISTE

La métamorphose de Margaux Montagne en mademoiselle Lilas Sardine, clown assermenté de l'hôpital Necker, s'opère en moins de vingt minutes. Perruque loufoque ajustée, nez rouge, maquillage outrancier, sourcils épais, costume de scène à pois bariolé et le tour est joué.

Totalement méconnaissable.

Ce matin, j'étais remontée comme un coucou suisse. Le nez au vent, Paris m'appartenait et ma journée avait merveilleusement bien commencé. Nos deux filles nous avaient préparé un petit déjeuner surprise haut en couleur : œufs brouillés brûlés, petit mot d'amour origami plié sur la serviette, café froid sucré à la louche et deux têtes béates fendues par deux immenses sourires. J'ai monté quatre à quatre les escaliers de l'énorme bâtiment et me suis engouffrée dans les vestiaires. Pile vingt minutes plus tard, je jetais un dernier regard satisfait au miroir en pied et m'assurais que tout était parfait. Je me suis souri pour me donner confiance, j'ai perché ma voix grâce à quelques vocalises ondulantes, puis dans une énorme inspiration, je suis sortie en trombe rejoindre le reste de la troupe. Mes compères et moi préparions depuis des semaines de nouveaux numéros ainsi que nos dernières chansons, toutes plus amusantes les unes que les autres, que nous devions tester aujourd'hui.

Monsieur Patate et son joyeux ukulélé étaient de sortie, la journée allait être dense puisque nous espérions visiter une trentaine de petits malades. Je savais déjà que je finirais lessivée et heureuse. Au détour d'une pitrerie, le petit patient se rallume et son rire repeint les murs.

Je veux entendre son cri de joie lorsqu'il verra mon nez rouge passer le pas de sa porte. Nous allons nous amuser, transgresser, déranger, tomber comme un cheveu sur la soupe, envoyer des baisers sucrés, agacer, faire du bruit, murmurer des chansons douces ou nous lancer dans de folles poursuites entre deux chambres.

Je ne pensais pas que j'étais capable d'être clown en pédiatrie, moi qui suis si émotive. La fierté et l'admiration se lisent dans les yeux de mon mari. Mes filles racontent à l'école que leur maman fabrique des rêves aux enfants malades de l'hôpital. Ils sont enfants avant d'être malades.

Je sors sur les chapeaux de roues du vestiaire. « Immuno, chaud devant, me voici ! Je suis Lilas Sardine et aujourd'hui, c'est LE Jour des Clowns ! »

Franc succès dès les premières visites grâce notamment à Marc, un aide-soignant loufoque toujours prêt à faire le clown. On enchaîne sur un « je te tiens, tu me tiens par la barbichette » avec l'infirmière en chef pas toujours commode, puis sur une chorale improvisée dans la chambre de Maïa.

J'aperçois, assise seule dans le couloir, la maman de la petite Rose à qui je chante des chansons douces depuis quelques mois. Il s'est dit, à la réunion de service, qu'elle était descendue aux soins intensifs depuis quelques jours. D'un pas décidé, je me détache du groupe pour la rejoindre et prendre quelques nouvelles.

J'arbore mon plus beau sourire, mais quelque chose ne tourne pas rond. Sans attendre un simple bonjour, elle me cloue le bec et m'annonce que sa petite Rose est morte ce matin, qu'elle attend son mari qui, avec une infirmière, fait l'ultime toilette.

Rideau.

Le sol se dérobe et mon masque de carnaval tombe, ma gorge se serre en même temps que ma vue se trouble, je manque de m'effondrer. La douche froide me saisit, je suis tellement sonnée que mon cerveau se met en position *off*. De quoi ai-je l'air dans mon accoutrement de fête, debout face à elle ? Je me sens ridicule, totalement décalée.

Ni Margaux Montagne, ni la mademoiselle Sardine que je suis ne sont capables de formuler la moindre phrase de réconfort. Personne ne vient à mon secours. Aucune note de musique ou formule magique ne me sort de ce mauvais pas. Je veux disparaître, immédiatement.

Lâchement, je tourne les talons et m'engouffre le plus vite possible dans les vestiaires, comme traquée par le démon.

Courage ! Fuyons !

J'aurais aimé être forte et rester à la hauteur de cette mère, mais je ne suis personne. J'ai suivi tant de formations pour faire face à ce type de situations, débordantes de bons conseils, qui sont, à cet instant, totalement inutiles. J'ai été nulle, la tête farcie de bulles de savon.

C'est au-dessus de mes forces, jamais je ne trouverai l'énergie suffisante pour sortir de nouveau de ce maudit vestiaire. Je l'ai abandonnée, là, seule au milieu du service où elle a passé les derniers mois au chevet de son enfant.

Sa fille est partie ce matin.

Mes larmes emportent un peu de mon épais maquillage. Je ressemble à un brouillon, à du papier mâché en couleur. Je suis grotesque dans mon pantalon flou et cette chemise hawaïenne n'est pas assortie à ma tête d'enterrement. La maman de Rose, elle, reste droite.

Cette pensée me raisonne et m'aide à recouvrer un semblant de calme. Je croise mon reflet déconfit dans le miroir. Je suis mère, je me reconnais dans cette jeune femme.

La douceur de la petite Rose me revient, je me raccroche à sa belle image. Son petit visage se mêle à celui de nos jumelles, Agathe et Marion. J'éprouve une envie soudaine de les toucher, de les serrer, de les respirer. Je voudrais les avoir près de moi et j'ai, tout à coup, très peur pour elles. Je les sais vivantes avec leurs joues roses et rebondies, elles sont un miracle de santé et d'insouciance. Je les revois le week-end dernier faire du toboggan au parc sous les premiers rayons fragiles du soleil de l'hiver. Nous sommes rentrés à toute vitesse et Marion a chuté de sa trottinette. Ce n'était rien, un petit pansement et quelques larmes plus tard, tout était oublié. Nous nous étions mis dans un état de stress excessif, presque ridicule. Ce n'était tellement rien. Que font-elles à cet instant ? Du calcul ? Agathe déteste le calcul. Il est presque dix heures, elles jouent certainement à la marelle pendant la récréation. Se disputent-elles ? Tout pourrait basculer et nous emporter. La vie est si fragile.

Pourquoi ai-je fui ? Ai-je eu peur un instant pour mon propre bonheur ? Que la souffrance de cette mère soit contagieuse, qu'elle m'atteigne, moi qui ai tout ? Que ses tentacules de douleur m'engloutissent et m'entraînent tout au fond avec elle ? J'ai honte de me l'avouer, son histoire me touche profondément, elle m'effraie.

Mais j'aurais pu, au fond, pleurer avec elle. Ce n'est pas honteux de pleurer, je voudrais me rattraper, partager ma compassion et ma peine avec cette mère. J'aimais cette petite fille, j'aurais pu le dire à sa maman, tout simplement.

Le robinet goutte comme un métronome. J'imagine que mes compagnons de scène ont certainement déjà entamé une autre représentation en racontant des bêtises aux aides-soignantes ou en embrassant les infirmières, tout en se demandant ce que je fabrique. Je prendrais bien volontiers un petit verre de porto. Les plus anciens de la troupe m'ont avoué, au cours d'une formation, que jamais ils ne se sont habitués au départ d'un enfant mais que, petit à petit, on parvient à mieux les laisser partir, à laisser passer l'inacceptable.

Je sens que de nouveau je respire normalement. Mon cerveau fou reprend mollement le contrôle sur mon cœur. Je retouche mon maquillage pour devenir une nouvelle fois mademoiselle Sardine. Ces phrases, muettes dans ma gorge, peuvent à présent sortir sereinement et peut-être même se joindre à la peine de la maman de Rose. Enfin je décide de sortir et de me faire confiance. Je ne sais pas bien ce que je vais dire mais j'improviserai. C'est un peu mon métier tout de même, je trouverai les mots.

Au moment où, tenant mon courage à bout de bras, je sors du vestiaire, de nouveau gonflée à bloc, la place occupée par la maman de Rose est vide.

Rideau pour la seconde fois.

J'arrive trop tard. Évidemment, elle ne m'a pas attendue, elle a mieux à faire. J'hésite puis renonce à me lancer dans une course à travers les couloirs du service pour la rattraper. J'ai le sentiment amer d'un acte manqué qui me laisse un goût d'inachevé et de frustration.

L'espace d'un instant, je n'ai plus été la professionnelle du rire à qui l'on apprend à se comporter de la manière la plus juste possible en fonction de l'état de l'enfant ou du moral des parents. La mère que je suis n'avait pas le cœur assez bien accroché et Rose, en partant, m'a bizutée, emportant un peu de ma candeur. Elle a siphonné la joie de cette journée si bien commencée. J'avais pourtant tant de choses à dire sur la délicate Rose aux chansons douces. Je ne chanterai plus la comptine des *Petits Poissons* qu'elle aimait tant sans un pincement au cœur. Ce sera la sienne.

Je laisse passer et garde ma peine pour moi.

LA MÈRE ET LE GRAND SAC JAUNE

Il fait bien trop beau pour mourir.

Rose est partie, le combat est terminé. Nous sommes vaincus, nous déposons les armes. Nous n'avons plus notre place ici, l'hôpital est pour les vivants, les chanceux.

Qu'ont-ils fait de toi, de ton petit corps ? Je ne sais même pas où tu es à cet instant.

Tu tapes dans ma tête.

Mon regard se fixe de temps à autre sur les peintures des murs du couloir que j'ai regardées à l'infini au cours de ces derniers mois pour tuer le temps. Je les connais par cœur. Un autre jour, le petit chat bleu sous la douche ou le gros éléphant sous un minuscule parapluie tenu par un ours m'auraient fait sourire.

Je suis toujours là, apathique sur ma chaise pendant que les minutes se succèdent, avec, comme seule compagnie, ce détestable sac-poubelle que l'on m'a donné en guise de valise. Il est heureusement jaune, ça fait moins poubelle.

Je dois vider ta chambre et je ne sais pas comment m'y prendre. J'imagine qu'un remplaçant s'annonce et qu'un autre enfant y dormira ce soir. Je lui souhaite longue vie.

Les places sont chères à cet étage et les lits, jamais vacants.

D'autres prendront nos places et mettront leurs pas dans les nôtres. La liste d'attente est longue, la mort de Rose est une chance pour un autre enfant qui, porteur d'espoir, sera une nouvelle urgence, une nouvelle mission.

Nous étions privilégiés, nous ne pouvions pas rêver mieux, notre fille avait vécu grâce à une médecine de pointe exercée dans quelques pays seulement.

Au cours de la chimio, ta pédiatre nous avait expliqué que tu serais stérile et ce fut la seule fois où j'ai fondu en larmes lors d'un entretien. Nous avions pourtant déjà appris à nous familiariser avec de gros mots dérangeants tels que « cathéter », « aplasie » ou encore « greffe » mais je me suis effondrée avec cette simple idée. En y réfléchissant, « stérile » est un mot qui me révolte tant il est faux et cruel. Il sous-entend une aridité et une pauvreté de la personne ou du couple. Ainsi Rose ne pourrait pas donner la vie et j'ai vu cette « stérilité » comme un héritage encombrant de ta maladie pour les années à venir. Rarement nous nous autorisions à envisager un avenir. Nous ne vivions que dans l'instant, un jour puis l'autre, persuadés que le suivant viendrait. Ce matin, cette idée de stérilité est anecdotique à côté de ton départ. Un détail insignifiant et peu importe que tu ne puisses pas donner la vie.

Toi, tu n'as été que fécondité.

Mademoiselle Sardine sort de nulle part, brandissant son petit bonheur agaçant en étendard. Mais oui bien sûr, j'avais oublié, nous sommes lundi, c'est le Jour des Clowns bruyants et toujours contents. Je n'espère qu'une chose : être transparente pour qu'elle passe son chemin.

C'est raté, avec son énergie habituelle, elle fond sur moi, bille en tête. Je la hais une seconde avec son accoutrement ridicule de fête foraine. Tout en scène, elle gesticule, brasse de l'air, me volant le peu qui me maintient. Je devine qu'elle souhaite prendre des nouvelles de Rose, que je résume en une toute petite phrase assassine avant qu'elle n'ouvre la bouche. Forcément, c'est malgré moi un peu brutal. « Rose s'est éteinte ce matin », il n'y a rien à ajouter. Ma phrase a l'effet couperet escompté. Décomposée, je la vois pivoter puis s'engouffrer dans les toilettes.

Quel spectacle ! Applaudissements ! Qu'elle aille balader sa bonne humeur un peu plus loin et qu'elle me laisse en paix ! Bon débarras, j'ai à faire. Un effort surhumain m'attend.

Mais que fait-il ? Depuis combien de temps suis-je là à attendre Gilles ? Pourquoi ne me rejoint-il pas ? Il a peut-être préféré boire un café à la cafétéria pour repousser le moment de se retrouver seul, face à moi. Lui aussi me fuit.

Je rassemble mon courage et m'extrais de cette satanée chaise pour faire quelques pas droit devant moi, traverser le service avec ses chambres de part et d'autre pour atteindre celle qui est la nôtre pour quelques minutes encore. Au passage, apercevoir les enfants et leurs parents à travers les vitres, croiser les visages familiers des infirmières et des aides-soignantes, et peut-être même les saluer. Je m'engouffrerai dans la chambre de Rose et fermerai la porte derrière moi. J'ai habité plusieurs mois ici et je dois quitter les lieux, maintenant.

Je flotte.

Avant c'était trop, trop de bonheur.

J'ai été injuste avec cette femme, le malheur me va mal et me rend mauvaise.

Elle était la mademoiselle Sardine de ma Rose adorée, celle qui lui chantait d'adorables berceuses très tendres. La mademoiselle Sardine qui adoucissait ses insupportables soins et lui décrochait toujours, par je ne sais quelle magie, un incroyable sourire. Celle qui colorait le temps pour qu'il passe plus vite. Elle avait compris que le refrain de notre famille était « Les petits poissons dans l'eau… » et, avec son acolyte au ukulélé, elle reprenait l'air en inventant de nouvelles paroles. Ils y mettaient du cœur et par ce rituel ils entraient délicatement dans notre espace. Toujours en douceur, ils respectaient la fatigue de Rose et nos humeurs. Ce clown était sincère dans ses moindres gestes. J'entends des rires s'élever d'autres chambres, c'est dommage, mademoiselle Sardine n'est toujours pas réapparue.

Je l'aime bien, je ne l'ai ni remerciée, ni félicitée pour le travail extraordinaire qu'elle accomplit ici. Entendre rire son enfant est pour chacun précieux, puissant et consolateur. Si je la croise de nouveau, je ne la laisserai pas s'enfuir et je me forcerai à faire un pas vers elle.

Je me lève et, dans ma tête, tourne en boucle sans me lâcher : « … les petits poissons dans l'eau nagent, nagent, nagent, nagent, nagent, les petits poissons dans l'eau nagent aussi bien que les gros. »

3e partie

L'INFIRMIÈRE, TOUCHÉE-COULÉE

Je m'étais organisée des semaines à l'avance pour parvenir à échanger ma garde. J'ai dû batailler pour obtenir ce fameux dimanche si particulier, jusqu'à ce qu'Édith cède et renonce elle-même à ses propres engagements. La famille était réunie au grand complet pour souffler les quatre bougies de mon neveu chéri. La fête était belle. Les enfants se chamaillaient et ma sœur s'égosillait en vain pour les faire obéir; les grands jouaient aux cartes. Des divergences électorales ont fait monter le ton et des petits doigts, très certainement sales, sont venus voler la décoration en chocolat du gâteau, sans que bien sûr personne se rende compte de rien. Il fallait avoir moins de cinq ans pour oser faire ce dont chacun rêvait. Mon beau-frère n'est pas resté longtemps fâché puisque déjà le spectacle de magie des cousins commençait. Les grands-parents ont filmé l'arrivée très enjouée d'un adorable chiot, baptisé illico Fanfare, cadeau pour lequel toute la famille s'était cotisée. Les enfants étaient surexcités, presque intenables.

Mais moi, j'étais ailleurs, mon cœur n'était pas à la fête. J'avais un mauvais pressentiment qui m'empêchait de vivre ce moment au goût de paradis : il se passait quelque chose à l'hôpital. Distante sur les photographies, je cherchais ma place au milieu des éclats de joie, des grillades trop cuites dans la cheminée, des disputes enfantines et du jus de fruits renversé. Mon fiancé Marc m'a demandé, inquiet, à plusieurs reprises, si tout allait bien. Puis aux premiers pleurs de fatigue des plus jeunes, tout le monde est simplement rentré chez lui, éreinté mais heureux.

C'est de cette vie ordinaire que rêvent mes petits malades. On la croit normale et acquise alors qu'elle est extraordinaire et fragile.

Je suis du bon côté, celui des chanceux à la vie douce et préservée.

De la rue, lorsque nous levons la tête, nous apercevons les fenêtres de ces enfants qui passent leur week-end entre les quatre murs de leur chambre. La réalité cruelle des petits épuisés sans cheveux, qui souffrent les yeux mi-clos, en gémissant dans la nuit, des chimios agressives qui les transforment en vieillards. Puis la lumière au bout pour ceux qui franchissent l'Everest de la guérison et rentrent dans leur foyer pour reprendre le cours d'une vie d'épopées enfantines.

J'ai mal dormi.

Plus jeune, je rêvais de devenir sage-femme. N'ayant aucune aptitude pour les matières scientifiques, j'ai forcé ma nature et mis de côté mes accointances pour la littérature. J'ai travaillé dur, fidèle à mes ambitions. Par orgueil, je voulais être le témoin de la première seconde du miracle de la vie, du tiret originel sur la feuille blanche. L'enfant qui naît comme une promesse à l'état pur. J'ai échoué deux années consécutives au concours d'entrée puis ravalé mes kilos de colère et de frustration. De tristesse aussi.

Pendant de longs mois, j'ai fait face à une collante dépression dont j'ai eu bien du mal à me défaire. Le temps pour moi de reprendre confiance, de me remettre de ce sale coup du destin et de me détourner à contrecœur de mon choix initial. Finalement, je suis devenue infirmière. Une bonne infirmière même. L'enthousiasme est revenu, d'abord discret puis bien réel.

L'immuno a eu raison de moi, me comblant chaque jour un peu plus en émotions fortes. J'ai vécu les sorties de bulles et les guérisons comme de véritables renaissances, toutes aussi extrêmes. Je suis marquée au fer rouge par toutes ces fabuleuses délivrances et, au fil des années, j'ai changé.

Édith et moi sommes de véritables amies. Immuablement, nous nous croisons, toujours en décalé, reliées par nos patients. Elle prend soin de mes petits malades lorsque je ne suis pas là. Nous sommes deux veilleuses aux aguets, donnant l'alerte si besoin.

Lorsque je passe la porte du service, j'entre dans une autre dimension où rien ne compte plus que les enfants. J'oublie tout, la fatigue comme les soucis. Un père de famille m'a fait rire lorsqu'il a crié ce gentil compliment : « Vous êtes partout, vous avez plus de bras que Shiva. »

Lorsque j'ai pris mon service, Édith m'est apparue totalement consumée avec les traits tirés et j'ai compris qu'il y avait autre chose, pas seulement une nuit sans sommeil. Raide et grise, Édith s'est penchée pour n'être entendue que par moi et a prononcé tout bas la phrase maudite : « Notre petite Rose nous a quittés ce matin, la maman est déjà là dans le couloir, elle attend son mari pour vider la chambre. »

Quoi ? Comment ça ? Merde alors !

Mon premier sentiment est la colère, je suis furieuse avant d'être affectée. J'ai pris soin de cette petite fille pendant plusieurs semaines et malgré moi, je me suis attachée. Nous avons tout fait, répété des gestes avec une concentration inexorable, suivi à la lettre des protocoles compliqués, espéré sans relâche. J'ai été son infirmière entièrement dédiée à son confort, me démenant pour rendre possible sa guérison. Qu'est-ce qui n'a pas fonctionné ? Je ne comprends pas... La greffe avait pourtant bien pris, non ?

Édith a hoché la tête en soufflant un « si » à peine audible. J'ai senti sa paume chaude et réconfortante se poser sur l'ovale de mon visage, je me suis coulée dans ses bras et dans cette intimité si particulière qui lie notre duo depuis quelques années, je me suis effondrée. Dans la salle des transmissions, à l'abri des regards, les digues ont lâché. Édith a ajouté qu'elle aussi était épuisée par ces chauds-froids qui lui mettaient la tête à l'envers.

Pour le moment, nous étions toutes les deux parfaitement assommées. Nous nous protégeons pourtant de mille cuirasses mais chaque fois nous sommes touchées. Coulées.

Nous étions pourtant préparées au départ de la petite Rose, et moi, plus encore, puisque j'étais présente lors de sa sortie de bulle en catastrophe pour rejoindre la réanimation. Elle souffrait d'une insuffisance respiratoire. L'instant était solennel et recueilli malgré l'urgence. La petite fille avait été séparée physiquement depuis des mois de ses parents, et je revois l'instant où la mère accueillit Rose dans ses bras. Tout ce temps, dans sa couveuse géante de plastique, Rose n'avait reçu que des caresses de gants énormes en caoutchouc noir qui la coupaient de la moindre onde de chaleur humaine. Tout passait par la voix, le regard et les gestes. Suivant une ligne imaginaire, elle sortait de la protection de la bulle pour rejoindre le cocon des bras maternels. Toute l'équipe a savouré, à coups de larmes ravalées, l'émotion intense de ces retrouvailles de chair, le contact magique des peaux. La mère pleurait de joie, serrait en louve sa petite contre elle, soulagée de pouvoir de nouveau la respirer et lui susurrer à l'oreille des mots tendres que nous ne pouvions entendre. Le père formait de ses bras un abri sûr en demi-cercle. Rose s'était instantanément endormie. C'était un spectacle bouleversant. J'ai vu la Sainte Famille d'aujourd'hui. Nous n'avions pas le temps que nous prenions, mais qu'importe, nous savourions. Le bonheur était de courte durée, sortir de bulle en urgence n'est jamais bon signe. Le transfert effectué, d'autres mains que les miennes prenaient soin de ma petite patiente dans une autre aile de l'hôpital.

Et déjà un autre enfant m'était attribué.

Vendredi soir dernier, juste avant de partir en week-end, sur le chemin du métro, j'ai fait un crochet par les soins intensifs pour dire au revoir à Rose sur le conseil éclairé du docteur P. J'ai dû me faire violence puisque, comme tout le monde, je déteste la réanimation, toujours alerte, odieuse avec ses bruits, ses odeurs et ses plaintes. Une succession de box alignés le long d'un interminable couloir où les futures heures tanguent, hésitantes entre la vie et la mort. Les infirmiers sont pressés, esclaves des alarmes criardes. On croise des parents hagards, malmenés par la houle, emmitouflés sous de multiples couches de plastique bleu, à mi-chemin entre spectres et morts-vivants. Sous de larges masques, les yeux parlent et laissent deviner un sourire, l'espoir, la douleur, la peur ou la fatigue. Jamais je n'aurais pu travailler ici, même sous la contrainte. Sur le moment, j'ai traîné les pieds tant cette visite me coûtait. Aujourd'hui, je suis soulagée de l'avoir vue une dernière fois et de lui avoir chuchoté ces quelques mots avant son envol. Je me serais sentie tellement mal d'avoir manqué le coche.

Les parents, exemplaires de courage, étaient comme toujours au chevet de leur enfant et attendaient un signe qui tardait à venir. J'ai formulé, la gorge nouée, mes vœux à l'intention de Rose, espérant sans y croire vraiment de bonnes nouvelles pour les heures à venir. La mère m'a souri du bout de ses lèvres qui formaient une ligne pâle en me souhaitant un bon week-end avec mes proches. Nous avons échangé quelques banalités et j'ai menti en répondant que je ne prévoyais rien de spécial cette fin de semaine. J'étais mal à l'aise.

Comment dire sans rougir à ces parents que mon dimanche serait génial puisque mon neveu fêtait ses quatre ans et que toute la famille se réunissait pour l'occasion ?

Voilà pourquoi nous changeons régulièrement de patients : pour éviter ainsi de trop nous attacher à l'enfant et à sa famille. Rose était douce et facile avec de grands yeux bleus que je n'oublierai pas.

Mon regard croise celui de la maman de Rose qui se dirige vers la chambre, je lui adresse un petit signe de la tête qu'elle me rend. À peine esquissé, timide, mais que je crois chaleureux. Elle ne vient pas vers moi, ce qui, pour être franche, me soulage. Elle ne doit pas avoir plus envie que moi de bavarder et ce n'est pas un jour à forcer les choses. Je me sens nauséeuse. Je suis à fleur de peau. Si j'ouvre la bouche pour évoquer Rose, je flanche une seconde fois. Elle laisse la porte de la chambre entrebâillée, ni ouverte, ni fermée. Ce n'est pas une invitation, l'espace accordé ne permet pas à un intrus de se faufiler. Du poste de stérilisation, je l'observe à la dérobée pendant qu'elle vide méthodiquement la chambre et décolle les souvenirs des murs. Elle entre et sort par intermittence de mon champ de vision, elle me surprend à chaque réapparition. Je vois une femme abattue, dénuée de maquillage, perdue dans des vêtements sans forme. Presque négligée avec un chignon de la veille sur la nuque. Une femme oubliée, bien différente de celle qui avait passé pour la première fois notre porte. Elle reste touchante par sa fragilité et sa jeunesse. Je n'ai jamais osé lui demander son âge. Le mien, j'imagine, peut-être moins encore.

Elle noie les tout petits habits et jeux dans un immense sac jaune que nous utilisons pour les déchets recyclables. On voit tout par transparence. Cette chambre était leur pièce de vie, leur maison toute entière réunie en quelques mètres carrés, où les heures et les visites s'égrènaient confinées.

J'entends les clowns qui rient et chantent dans la chambre de la grande Lucie. D'habitude, je les adore. Je me réjouis autant que les enfants de leurs joyeuses visites et me plie de bon cœur à une petite danse. Je tends volontiers une joue pour un baiser teinté de rouge sur mon teint blafard d'infirmière crevée. Je suis de celles qui gonflent des gants de latex pour en faire une crête grotesque lorsqu'il s'agit d'adoucir un soin douloureux.

Mais pas aujourd'hui, je ne suis pas d'humeur. Mon travail se termine auprès de cette famille et je ne sais pas clairement où est ma place à cet instant.

Peut-être dans la chambre à aider cette maman à finir ses bagages mais je n'en suis pas certaine. De toute façon, je n'en ai pas le courage.

J'aurais tant aimé que Rose revienne fouler les couloirs pour témoigner et encourager les petits malades à venir dans quelques années. Grande, guérie, et éclatante de vie et de santé.

Maïté patiente, légèrement en retrait sur le palier, respectueuse du temps nécessaire à la mère de Rose pour sortir. Elle est chargée de la désinfection de la chambre qui sera bientôt impeccable pour recevoir un nouveau malade. La mère quitte la chambre sans se retourner, je fixe un instant son dos, espérant un je-ne-sais-quoi.

Je me marie le mois prochain. Fonder une famille m'effraye car, de toute évidence, je pourrais passer à mon tour du mauvais côté.

Quel funeste lundi, je suis déjà éreintée de cette semaine à peine amorcée qui s'annonce longue. Rien n'est plus abject que la mort d'un enfant.

Mais je suis toujours là, opérationnelle et plus que jamais motivée pour ceux qui restent.

LA MÈRE, LE CŒUR D'UN GRAND BRÛLÉ

« Tu es si absente que partout tu es. »

Une guerre larvée et souterraine avait commencé dès la conception de Rose. La maladie avait œuvré dès l'origine dans l'ombre de mon ventre, elle préparait son sale coup et avançait, vicieuse, ses pions. Tout était joué, ton père et moi avions déjà une longueur de retard, nous étions sans le savoir disqualifiés.

Au commencement, nous nous étions mis notre vie à dos.

L'éternelle question posée aux jeunes mariés : « combien d'enfants voulez-vous ? », ton père l'éludait toujours, répondant qu'on ne planifiait pas sa famille et que nous aurions nos enfants, l'un après l'autre, un ou dix. C'était tellement agaçant, rabat-joie même, ce trop de sagesse. Moi, je voulais me projeter dans d'interminables histoires romanesques.

Présomptueux, nous pensions que nous étions programmés pour le bonheur et que, forts de notre foi, rien ne pourrait jamais nous arriver.

Foutaises. Gilles et moi sommes génétiquement incompatibles.

Rose est née parfaite, la maladie sournoise nichée au plus profond de son être, absolument indétectable. Le diable se niche partout, surtout dans les plus petits détails. « Vous voulez dire que cette insignifiante mutation de rien du tout sur un gène invisible à l'œil nu a tué ma fille ? Vous voulez dire qu'une histoire inintelligible d'enzymes capricieuses est à l'origine de notre martyre ? Vous voulez rire, n'est-ce pas ? »

Pour faire simple, un truc clochait dans ton usine à anticorps et tu en es morte. Nous avions, ton père et moi, une chance sur un million d'être tous deux porteurs de cette anomalie génétique. Une chance sur un million, ce ne peut être un hasard ou juste un pas de bol, il doit forcément y avoir un sens.

Nous t'avons offert la mort en héritage et ce fiasco biologique se transforme en malédiction familiale, un cancer qui entache notre couple. Nous ne sommes pas tout à fait innocents. Dame nature nous dit-elle qu'elle refuse notre union ? Que nous ne sommes pas faits l'un pour l'autre, que nous nous sommes trompés, Gilles et moi, en nous choisissant ? D'un point de vue biologique, nous sommes désaccordés. Les superstitieux parleraient sans doute du mauvais œil et nous conseilleraient à juste titre de nous séparer. Fonder une famille est une folie, écouter son cœur ne suffit pas, restons raisonnables.

Il se confie des choses incroyables dans la salle commune des parents. Une mère encore adolescente se livrait entre deux conversations futiles, et avouait sans détour que bien évidemment son compagnon actuel ne serait pas le père de ses futurs enfants. Sa remarque crue et violente m'avait choquée sur l'instant, puis, en y repensant à tête reposée, elle m'apparaît au fond, assez sage. Simple même.

Non, jamais, ce ne seront pas nos choix. Je me rassure. Même si nous sortons de cette épreuve pareils à une demi-famille amputée d'un membre, nous défierons la nature, nous la contournerons pour fonder notre foyer sans elle. C'est pour moi une évidence, mais, au fond, je ne sais pas si Gilles partage mes convictions. Nous avons la vie devant nous et le temps de repartir dix fois à zéro. Lui, avec une autre. Nous nous débattons lamentablement comme deux papillons sur du papier tue-mouches, il serait plus prudent de passer un coup d'éponge et d'en finir. C'est un cauchemar, je vais me réveiller. Je vais battre des paupières, nous allons tout recommencer et changer l'histoire.

Tu me manques affreusement. Au moment de mettre un nom sur celle que je suis à présent, je comprends qu'il n'existe pas de mot pour désigner le parent qui perd son enfant. Notre langue est restée sans voix face à l'ampleur du drame.

L'infirmière qui a veillé sur ses jours, et qui est venue nous rendre visite vendredi dernier, m'adresse de loin un sourire tiède où je crois déceler de la gêne. Refroidie par cette distance, je n'ose m'approcher pour lui rendre grâce pour son dévouement. Nous avons vécu côte à côte, elle et moi, tournées vers le même dessein et maintenant, nous en sommes là.

Je me suis coulée dans cette chambre prêtée qui était notre tout : la salle de jeux, le salon, le bureau et parfois même le jardin. Elle a accueilli nos chants, nos pleurs, nos prières, nos doutes, nos coups de gueule, nos joies, nos lectures, nos danses, nos partages, nos familles et nos amis. Vitrée sur une grande partie, elle a offert par transparence l'intégralité de notre intimité au monde.

Je suis seule.

La chambre vide de son habitante est inutile. Je décolle du mur la photo pour laquelle nous avons posé tous les trois tout sourire malgré les tuyaux qui te rayaient le portrait. Sans jamais voir le soleil, Rose avait plutôt bonne mine. Mes mains qui tiennent la photo ont les ongles douloureux et rongés jusqu'au sang. Sans prendre la peine de me baisser, je débranche d'un coup sec l'appareil de musique qui fredonnait en boucle. J'ai envie de le mettre au rebut, je lui laisse un sursis et le glisse dans le sac jaune.

Je retrouve, dans le lit fait au carré, les doudous-marionnettes que tu chérissais. La lampe bleue offerte par ta tante, qui t'aidait à t'endormir en projetant des moutons au plafond, attend sur l'étagère. Des animaux colorés suspendus aux montants de ta maison de plastique animaient tes journées. Si l'on fait abstraction des machines de guerre, c'est quasiment une chambre d'enfant comme les autres. Je décroche ton univers par tranches, les pans entiers de toute notre vie sont engloutis sans distinction par le sac. Je déplace avec une délicatesse excessive ce qui était hier encore notre quotidien, et entre à cette seconde dans les mémoires et les souvenirs.

La stérilisation a délavé tous tes petits vêtements qui ont gardé une ignoble odeur d'eau de Javel. Tu sentais le ménage, le détergent et le bien trop propre. Ce relent fétide donne la nausée à mon cœur de brûlée vive, il me tient et me colle à la peau.

Je me retourne brutalement vers le lit, j'ai cru entendre ton cri de joie. J'ai rêvé, peut-être pas. Ton gentil fantôme m'accompagne dans cette tâche si pénible. J'ai peur d'oublier ton visage et ses contours, la couleur de la carnation de ta peau et tes grands yeux bleus. Tu étais si jolie.

Mon Dieu, je viens d'utiliser l'imparfait. Et si, dès demain et pour toujours, je ne parlais de toi qu'à l'imparfait ?

Nos mémoires s'érodent avec le temps, comment te garder intacte ? Il aurait fallu tout écrire, tout photographier, tout consigner. C'est trop tard et je regrette de ne pas tout avoir gravé dans la pierre.

Le service d'entretien fait déjà le pied de grue derrière la porte, attendant, patient et respectueux, que je vide les lieux. Je n'accélère pas mon rythme pour autant, rien ne presse, rien ne m'attend dehors.

Gilles passe enfin la porte de la chambre. Il est là, je suis soulagée.

Je voudrais le serrer contre moi dans un moment d'intimité mais une personne que je ne connais pas l'accompagne. Je ne veux que lui et le silence. Notre seul besoin est de nous retrouver un instant, juste tous les deux pour prendre conscience que tout est vrai, que nous avons vraiment laissé partir notre fille. Je me raccroche à sa seule présence pour rester debout, mes jambes me portent à peine. Je voudrais lui dire « viens, partons », mais je comprends que nous avons un papier important à signer. Ce n'est pas n'importe lequel puisqu'il s'agit de la déclaration de décès.

Gilles s'empare sans réfléchir du sac jaune et le cale sur son épaule, nous sortons de la chambre de Rose dans un même élan : le ménage peut commencer.

Aline ! J'oubliais Aline.

4e partie

ALINE DE L'AUTRE CÔTÉ

Un signe effacé à travers la vitre et un sourire las en guise d'adieu.

Elle a tenu fort mon regard l'espace d'un instant puis a posé les yeux sur Adrien et un sourire a déridé ses traits tirés. Le temps que je sorte lui bafouiller quelques mots, elle avait disparu. Comme évaporée.

J'ai entendu dans mon dos Adrien demander : « Que se passe-t-il ? »

En me retournant, il a lu ma peine et s'est inquiété : « Pourquoi es-tu si triste ? C'est pour moi que tu te fais du mauvais sang ? Non, c'est pour ton amie, c'est ça ? – Oui, c'est ça mon grand. » J'ai été soulagée qu'il ne pose pas plus de questions et ainsi de ne pas avoir à lui mentir.

Comment aurais-je pu lui avouer que cette fameuse amie venait de perdre sa fille qui menait un combat similaire au sien ?

Adrien connaissait le visage de cette amie mais n'avait jamais entendu le son de sa voix, puisque personne n'est autorisé à entrer tout au fond du couloir dans la chambre stérile qui le protège des germes des hommes. Plusieurs fois par jour, je sortais la rejoindre pour bavarder dans la salle commune pendant les siestes de sa petite Rose. Adrien n'a jamais été jaloux ou même curieux de ces temps privilégiés d'où je rentrais invariablement détendue et oxygénée.

Pendant tous ces mois, elle appartenait aux jolies choses de ma vie entre ces quatre murs. Une diversion, une échappatoire et bien plus, une issue de secours. Nous nous retrouvions chaque matin, pour partager des biscuits autour d'un thé chaud que je préparais avec les moyens du bord. Coupées du monde, nous refaisions le nôtre en plus petit, plus étriqué, essentiellement autour de nos enfants, de leur éducation et de leur bien-être. Nous restions toujours en surface, jamais nous n'évoquions la maladie ou les traitements en cours. Savoir si c'était un bon ou un mauvais jour nous suffisait pour interpréter les variations de climat au bout de nos couloirs. Elle chez les petits et moi chez les grands. En dépit des jours d'apocalypse dans nos chambres respectives qui annulaient nos rendez-vous, nous donnions un semblant de normalité à nos vies, comme deux amies bavardes dans un salon de thé avant la sortie des classes. Pas une larme, pas un cri, ni une lamentation.

Entre elle et moi, malgré notre différence d'âge, tout était différent, nous reprenions notre souffle, nous nous contentions du service minimum, et surtout nous ne voulions rien savoir des souffrances de l'autre. Ni elle, ni moi n'aurions fait le sacrifice de plomber ces parenthèses de sérénité si précieuses par de mauvaises nouvelles. Nous ne désirions que frivolités et bonne humeur et, comme deux codétenues, nous évoquions davantage la liberté du dehors. Jamais elle ne m'a confié que la situation était si grave et que sa Rose s'éteignait à petit feu. La vie la malmenait odieusement et je n'ai rien vu. Pendant qu'elle vivait la tragédie de sa vie, je n'ai rien su et ai poursuivi ma petite existence sans remettre quoi que ce soit en question, sans même faire un détour par les soins intensifs pour me proposer d'accompagner ses nouveaux silences. Notre amitié n'est que vent.

Quelle piètre amie ai-je été et suis-je ! Inutile et égoïste. Je m'en veux de l'avoir négligée, tant absorbée par ma propre guerre. Je ne suis pas à sa hauteur, je n'ai voulu ni voir, ni entendre. La maladie me broie, le quotidien pèse déjà tellement sur mes épaules que ce serait mentir de penser que j'étais capable de la soutenir dans ses combats ou même d'accueillir ses peines. Je suis une louve qui veille son petit chaque seconde que Dieu fait et le monde peut bien s'écrouler. Nous sommes les pantins de la leucémie multirécidiviste d'Adrien. Il semble guéri, nous rentrons à la maison et reprenons une vie presque normale, puis de nouveau c'est la chute. La descente aux enfers. Encore, une autre fois. Nos nerfs vont lâcher mais ils tiennent et nous marchons en funambules sur un fil entre deux précipices. Nous luttons contre vents et marées, en bons petits soldats, laborieux et résignés. Le destin se rit de nous, joue au chat et nous sommes les souris. Adrien endure et résiste, encore et toujours. Le voir souffrir me rend dingue, lui n'a rien demandé.

Elle est à présent tout ce que je refuse, ce contre quoi je me bats. Elle est mon négatif, me renvoyant ma propre image en noir. Elle me manque déjà tant, elle est irremplaçable.

Au fond, je n'ai pas vraiment d'affinités avec les autres mères de l'étage avec qui j'échange un bonjour-bonsoir entre deux portes. Je passe souvent pour la grande sœur semant à tout vent des astuces pour mieux supporter les effets secondaires des traitements. En pro de la chimio, j'ai tout lu, tout vu, tout vécu. Je peux clarifier les dires confus d'un médecin ou interpréter l'attitude d'un personnel soignant. On m'écoute rendre mes oracles religieusement, en me flattant d'un : « Ouvre ton blog, tu aiderais beaucoup de parents en détresse comme nous. » C'est là ma seule gloire. Je me garde bien de citer mon Adrien en exemple en me contentant de partager des généralités et des recettes naturelles de nos grands-mères. Après m'avoir passionnée un temps, cette étiquette me pèse. Je voudrais porter de nouveaux projets, je m'ennuie tellement.

Je veux sortir d'ici. Juste sortir.

Depuis ce matin, la rumeur enflait entre les parents et il se chuchotait que la petite Rose s'était éteinte. On comptait sur moi, la soi-disant amie de sa mère pour alimenter et glaner les informations mais non, je ne savais rien. On me regardait l'air surpris, peut-être même sceptique : « Vraiment ? Tu ne sais pas ? » comme si je faisais de la rétention d'indices.

C'est notre infirmier, avec un air déconfit, qui a confirmé penaud le départ de Rose, sans plus d'explications. Il n'a pas dit « Rose est morte », il a pensé que c'était trop brutal et a enrobé la pilule de miel. « Rose s'est envolée », a-t-il murmuré en fixant le sol.

Je m'aperçois qu'il ne me reste rien de notre duo. Je n'ai même pas un numéro de téléphone pour pouvoir prendre de temps à autre quelques nouvelles et il me sera impossible de me joindre au cortège lors de l'inhumation de la petite. En réalité, nous ne pourrions pas reprendre là où nous nous sommes arrêtées, il est trop tard pour la rattraper et lui demander pardon de ne m'être pas plus intéressée à son histoire. Bien trop tard pour tenter un tour de passe-passe et changer le cours de nos vies. Si proches ces derniers mois et tout à coup, deux étrangères. Elle est passée de l'autre côté pendant que moi, la vie me mène toujours plus loin. Vers de nouveaux bonheurs ou vers de sombres cauchemars. Nous rapprochons-nous de la vie ou de la mort ? Adrien est-il le suivant ? Va-t-il vieillir ? Nous sommes furieusement secoués par les cahots de l'espoir et du désespoir. Prise de vertige, ma tête bourdonne comme si un essaim y était piégé. Non ! Pas Adrien ! C'est impossible, *ça* n'arrivera pas. Tout simplement, parce que *ça* ne se peut pas.

Je ressasse le mystère de notre présence ici. Si je cherche un sens à la souffrance de mon fils, je deviens folle à lier. Ma tête résiste puis se résigne et accepte l'arbitraire de cette injustice, à défaut de la comprendre, je la reçois pour mieux lutter.

Fusionnels, greffés l'un à l'autre, Adrien et moi formons un tout indissoluble. Notre relation, aussi étouffante soit-elle, doit coûte que coûte fonctionner, nous n'avons pas le choix. Il est là, je suis là, toujours dans cette même pièce, minute après minute. Nous respirons le même oxygène, coincés dans ce même espace pour une durée inconnue. Je suis plus que sa mère, je suis tour à tour : son meilleur ami, son père, son frère, son compagnon de jeux, sa rivale, sa voisine, sa confidente, son professeur comme son punching-ball. Parfois, il m'agace, je l'exaspère, nous nous échauffons et il nous faut manœuvrer pour mieux nous réconcilier et pouvoir nous supporter à nouveau. J'ai mal lorsqu'il me crie que tout est ma faute, que je l'ai raté.

À l'âge où l'on réclame de l'espace, Adrien est enfermé et partage avec moi sa cellule. Nous sommes pourtant tous deux innocents, privés de liberté pour un crime inconnu. Lorsque les tensions sont intenables, je sors de la chambre jusqu'à ce qu'un signe de la tête me donne l'autorisation ou non d'entrer de nouveau dans son espace vital. Il voudrait s'énerver au dîner familial, hurler que personne ne le comprend, abandonner son assiette pleine sur la table, quitter furieux la cuisine en claquant la porte à faire trembler les murs, enfourcher son vélo et rejoindre sa bande. Il voudrait être comme tous les adolescents du dehors, être libre et déjà adulte. L'image s'inverse et c'est moi qui quitte la chambre pour respecter sa frustration et ses excès de révolte. Lui reste là, entre ses draps frais tout juste changés, à ruminer son retard de croissance et à guetter les signes endormis de la puberté.

Mon obsession est d'animer son paysage en occupant ses journées pour éviter qu'il ne s'abrutisse devant des écrans. Je reste à l'affût des dernières nouveautés éducatives les plus brillantes. Ainsi, je cherche, trouve et développe des passe-temps. Je suis prise dans l'engrenage d'une suréducation et panique à l'idée que mon ado puisse s'ennuyer ou perdre son temps. Je le gâte plus que de raison et parviens autant que possible à meubler nos interminables semaines. Gloutonne insatiable, l'éducation d'Adrien grignote petit à petit notre épargne, mais qu'importe, je me fous de tout et plus encore de l'évaporation de notre capital. Il a la maturité forcée de ceux qui ne grandissent que dans un monde d'adultes et dérange par ses préoccupations pour lesquelles personne n'a de réponse.

Je ne dors pas sur place. Pour les longs séjours, les parents ne sont heureusement pas autorisés à passer la nuit dans les chambres. Comme notre maison est trop loin, je passe mes nuits tout près, dans celle des parents. Nous n'avons, Marc et moi, plus aucune vie de couple et nous sommes éparpillés aux deux bouts du département. Il travaille tout le jour mais je n'ai aucune idée de ce à quoi il occupe ses soirées et même avec qui. J'ai des doutes parfois, j'ai le sentiment qu'il me remplace. J'ai souvent l'intuition de le déranger mais ce n'est peut-être que la télé. N'importe quelle épouse chercherait à fouiner, moi, je n'en ai pas l'énergie, ni même l'envie. J'ai assez de peine pour ne pas m'en rajouter. Je ne suis que mère et il y a bien longtemps que la femme n'est plus. Je n'ai même pas les arguments pour faire à Marc le moindre reproche. Je m'enveloppe dans d'informes gilets, mes cheveux grisonnants sont à l'abandon et jamais une touche de maquillage ne vient gommer mes cernes. Les saisons passent et se ressemblent. Ce n'est la faute de personne, nous attendons d'arriver à bon port, peut-être pas entiers mais vivants.

Marc nous rejoint les vendredis soir et nous passons nos jours suivants à tourner autour du lit en discutant de l'actualité. Adrien dit souvent que nous sommes une famille puzzle que l'on défait pour la remettre dans sa boîte, le dimanche soir. Souvent, nous nous demandons comment font ces parents qui ont un enfant à l'hôpital et d'autres à la maison. Par où commencent-ils leur journée ? Comment déterminent-ils leurs priorités, leurs essentiels ? Ils ont développé un don d'ubiquité ou ont renoncé à leur idéal du parfait parent.

J'étais faite pour porter la vie tant j'ai aimé être habitée. Je voulais être à la tête d'une famille nombreuse, épuisante avec d'immenses tablées d'affamés et le minibus pour déplacer la tribu. Une fratrie braillarde qui aurait absorbé mon hyperactivité et balayé l'angoisse de ne pas remplir mes journées. Vivre deux journées en une pour me coucher trop harassée pour penser.

J'adorerais reprendre mon travail d'institutrice pour lequel je suis douée. Un jour bientôt. Ce n'est pas l'affolement qui me donne le tournis, c'est le silence. J'ai infiniment trop de temps pour ruminer et le sommeil m'évite.

Aujourd'hui, Hélène, mon âme sœur de lutte renaît au monde et retrouve la liberté dont elle ne rêvait pas. Mais à quel prix achète-t-elle le faux-semblant de la normalité d'un dîner en ville après une pièce de théâtre ? Le mois prochain, elle ira peut-être sur la côte manger une crêpe et regarder la mer, mais je ne l'envie pas car, toujours, elle sera vacillante. Blessée à jamais.

Haut les cœurs ! Le combat continue pour nous et demain est un autre jour.

LA MÈRE, PLUS QUE DES BLEUS À L'ÂME

Au moment de quitter le service, j'ai demandé à Gilles de m'attendre quelques instants dans l'entrée le temps pour moi de passer dire au revoir à ma bonne copine Aline. Après les mois que nous avions vécus ensemble, je ne pouvais pas partir comme une voleuse. Sans même m'excuser auprès de la femme de l'administration, j'ai couru la rejoindre. La chambre de son fils est tout au fond, cachée et préservée des va-et-vient incessants, et rarement je me suis aventurée si loin dans le service.

En silence et séparées par la vitre, nous nous sommes dit adieu pudiquement. Derrière elle, j'ai vu le beau visage fragile de son fils calé contre deux oreillers blancs volumineux qui nous observait. Il mâchonnait un crayon, le nez levé de ses mots fléchés, avec l'air interrogatif qui demandait ce qui se passait. J'ai reconnu la couleur si caractéristique de sa peau qui tranchait avec le drap blanc du lit. Ce teint hâlé légèrement orangé que Rose avait également, dû à la nourriture liquide gorgée de vitamines et minéraux en tous genres, injectée par cathéter. Cette bonne mine nous mentait et nous aurait presque fait croire qu'elle passait ses journées à dorer au parc.

J'ai senti grâce à un imperceptible mouvement qu'Aline allait sortir, mais je ne lui en ai pas laissé le temps, car déjà les larmes montaient et me piquaient les yeux. J'ai botté en touche et rompu notre face-à-face. Le cœur serré, j'ai fui avant qu'elle ne me rattrape, me sachant incapable de supporter d'intenables effusions et craignant même de ne parvenir qu'à articuler un éventuel « bonne chance » insipide.

Aline me faisait rire. À toute heure du jour, elle semblait sortir du lit avec deux grands yeux surpris. Toujours ébouriffée et vêtue d'un vieux survêtement bleu moche, elle se moquait un peu trop de sa féminité. Mais on comprend qu'Aline a d'autres priorités que celle d'être jolie.

Constamment stimulé, Adrien est un enfant avancé et fondamentalement cérébral. Un corps qui souffre et une tête qui turbine. Il écrit, dessine, philosophe, parle trois langues, joue aux échecs, gagne les concours de maths ou encore, monte sa start-up en ligne. D'où je suis, par le petit bout de la lorgnette, Adrien est fascinant autant qu'il est effrayant. L'enthousiasme et la facilité avec lesquels sa mère donne vie aux bonnes idées sont ahurissants. Épuisants aussi. Aline ne peut entendre que s'ennuyer est peut-être bon pour la santé et, inlassablement, par procuration, elle éveille son fils au monde.

Nous nous retrouvions chaque matin le temps de la sieste de Rose autour d'un petit déjeuner. Je lançais un « ça va ? » auquel elle répondait invariablement par un : « Tant qu'on a le cœur qui bat, ça va ! » Prise de court, je me demande bien ce qu'elle trouverait à me répondre aujourd'hui.

Puis, immuablement, Aline nous préparait, comme un rituel, le pire thé jamais bu. Je ne le lui ai jamais dit tant son sirop au jus d'herbe s'infusait avec cœur. Une vraie torture qu'au fil des mois j'ai presque fini par apprécier.

Jamais nous n'évoquions l'épée de Damoclès que nous avions au-dessus de nos têtes puisque nous pensions secrètement que nos enfants étaient immortels. Des enfants disparaissent, oui, mais ce fait ne nous concernait pas, ça n'arrivait qu'aux autres ou dans les films. Nous nous gardions de confronter l'évolution des maladies. Nous nous serions perdues à comparer l'incomparable puisque chaque enfant est un cas unique avec son protocole, son mental, sa génétique, sa numération sanguine ou encore sa part de mystère. Nous aurions rapproché des données erronées et tiré d'absurdes conclusions.

Nous nous sommes trouvées sans nous chercher, sans nous choisir, comme une collègue de travail avec qui on partage le même bureau et, par la force des choses, le même quotidien. Notre amitié était improbable, étonnante même, tant nous étions mal assorties. Quinze ans nous séparaient et, en y réfléchissant, je ne vois plus vraiment ce qui nous unissait, si ce n'est notre combat contre nos maladies aux noms compliquées. Dehors, nous ne nous serions pas fréquentées. Pourtant, elle m'était indispensable avec ses vrais fous rires salvateurs. Elle était la récréation vitale à ma survie.

En présence d'autres parents, je ne reconnaissais plus Aline qui se transformait en une consultante médicale. Après tant d'années, elle savait tout, avait un avis sur tout et distribuait généreusement ses conseils. Elle me faisait presque pitié, coincée dans son rôle. Aujourd'hui et pour la première fois, j'ai sur elle une longueur d'avance, je suis très au-dessus de la mêlée dans un domaine dont elle ignore tout. Cet après-midi, comme tous les autres, notre salle commune des parents ressemblera à un quai de gare bruyant qui brasse des personnalités disparates, de tous milieux et de tous âges.

Pas de caryotype spécifique pour les infortunés, la désolation n'épargne personne, elle broie volontiers, sans distinction et gratuitement.

En quittant le service, j'ai le sentiment d'être radioactive et la désagréable impression que l'on parle dans mon dos ; les gens que je croise se ratatinent sur mon passage. Je me fais certainement des idées. Pourtant je me sens exclue de ne plus appartenir à la communauté de parents d'enfants malades pour faire mon entrée dans une tout autre catégorie de mères dont je ne veux rien connaître.

On m'a poussée hors du train quand Aline est toujours à bord. Je reconnais qu'elle a le cœur bien accroché, assise sur un yo-yo qui s'affole entre rémission et rechute sans que jamais le curseur penche vers la guérison absolue. Les longs séjours à répétitions de son fils doublés d'une vie de famille inexistante font naître en moi compassion et admiration mêlées.

Je la jalouse d'être toujours dans l'action, de poursuivre les soins au chevet d'Adrien et de pouvoir encore espérer un retour à la maison.

Ils auront eu, dans la journée, la visite des clowns et peut-être même celle du jeune interne maladroit avec qui l'on est toujours affreusement désagréable pour qu'il aille se faire la main sur un autre patient. Puis notre chère pédiatre passera comme chaque jour donner les conclusions des dernières analyses. Je la revois, le regard écarquillé et soucieux à travers ses épaisses lunettes, lorsqu'elle nous a annoncé que Rose vivait ses derniers instants et que, dans la nuit, elle avait failli la perdre. Elle semblait traquée, comme prise dans les phares d'une voiture. Je ne lui en veux pas une seconde car je sais que tout a été fait. J'admire la vivacité de son intelligence, sa capacité de travail infatigable, son dévouement pour nos enfants. Sous ses airs de madame « Toulemonde » se cache un être d'exception.

J'aimerais me sentir de nouveau essentielle, accaparée entière par une cause juste et magnifique. Finalement, ce doit être une bonne chose de ne pas avoir le contact d'Aline, nous n'aurions rien eu à nous raconter dans la vraie vie.

Rose, ces derniers mois ont été grâce à toi magnifiques, mais ce ne seront pas nos meilleurs souvenirs. Tout ce que je sais du combat, je le tiens de toi. Souviens-toi, nous vivions chaque journée comme la dernière, pleine et entière.

Ma seule consolation est immense : tu ne souffres plus. Tu es libre.

5e partie

LA PEAU DE VACHE
ET SES COMPTES D'APOTHICAIRE

En toute franchise, je ne me rappelle pas ce couple. Jeune ? Oui probablement. J'en vois beaucoup de ces pauvres gens, de toutes sortes et de toutes les couleurs. Je suis leur guide dans les labyrinthes de l'administration de Necker afin de leur simplifier toutes les démarches post-mortem : clore les comptes et les dossiers, signer la déclaration de décès.

Avant qu'ils ne disparaissent, je les attrape au vol, de justesse même pour certains, qui s'enfuient comme ça, sans crier gare, prenant leurs jambes à leur cou. Ils ne le savent pas encore mais ils vont avoir beaucoup de choses à faire dans les prochains jours entre la préparation de l'inhumation, les heures au téléphone avec leurs proches qu'il faudra rassurer sur leur état, boucler la paperasse des assurances, la reprise du travail et le retour à la routine. Grâce à moi, ils gagnent du temps !

Je connais l'hôpital comme ma poche et tout son petit monde. Je quadrille depuis vingt-cinq ans, sept heures par jour, les dédales de ces bâtiments. Les mères, les pères, les couples, les frères, les sœurs, les familles décomposées-recomposées, les tuteurs se succèdent aux différentes heures de la journée et je les pilote avec une certaine aisance. Parfois, d'une heure à l'autre, il y a beaucoup plus de travail et c'est un furieux marathon qui me mène de service en service. C'est par vagues, c'est étrange, il semble que les morts se donnent le mot, se reconnaissent et viennent se chercher entre eux. Ils se passent le relais, s'éteignent les uns après les autres comme des ampoules montées en série.

Mes premières années de travail, j'ai dû me cultiver sur les confessions existantes pour connaître les différents rites religieux représentés dans notre pays. Ce fut peut-être le seul pan intéressant de ma vie. Je dévorais les livres empruntés à la bibliothèque et, chaque soir dans mon lit jusqu'à point d'heure, j'apprenais, fascinée par l'inventivité des hommes pour honorer leurs dieux. Au début, j'étais grisée puis, progressivement, je me suis perdue dans mes recherches et mes questionnements. Souvent, je ne comprenais rien, seule face à l'intérêt de ma petite existence. Frustrée par tant de réponses approximatives et insatisfaisantes à mes questions abyssales, j'ai choisi l'athéisme. Pas vraiment enthousiasmant ni même réconfortant, mais j'ai pensé plus simple de ne croire en rien. Je me suis trompée, je le sais maintenant. Ceux qui ont la foi sont plus heureux, plus optimistes. Tout est pour eux plus facile.

Lorsque j'ai débuté, je prenais le temps avec chacun d'écouter son histoire, je me courbais devant tant de souffrances. Maintenant, c'est terminé, je suis fatiguée.

J'ai trop pleuré, enduré trop d'insomnies, hantée par d'effrayants cauchemars où de petits fantômes harcelaient mes nuits. Et à quoi bon en somme me rendre malade à mon tour, ces parents sont inconsolables, quoi que vous fassiez, quoi que vous disiez, c'est peine perdue. Il n'y a rien à faire pour eux. La souffrance, c'est comme du goudron, vous le touchez, il vous souille puis il devient impossible de s'en dépêtrer. Les parents me font penser à ces oiseaux des côtes qui se débattent à moitié morts sur les plages, englués par le mazout d'un cargo échoué. Je n'ai rien gagné à les soutenir des heures durant, mis à part de sempiternels sanglots, un travail qui ne se faisait pas et des reproches de ma direction. Avec le temps, j'ai compris que je ne suis pas douée pour écouter et moins encore pour compatir.

Aujourd'hui, qui s'y frotte, s'y pique, mieux vaut garder ses distances. Je fais mon travail et qu'on me laisse en paix. Je retiens le nom du mineur le temps des démarches, donnant l'impression aux proches de maîtriser mon sujet, puis je le gomme avec le suivant. Un numéro de dossier en appelle un autre, rien de plus, le strict minimum. Je ne laisse même pas la possibilité à la famille de commencer à s'épancher grâce à ma stratégie toute simple : dès notre rencontre, je me présente en deux mots et me mets illico en mouvement, les invitant à me suivre et ce, toujours en les pressant. Je fais diversion en parlant de tout ce qui me passe par la tête en prêtant une oreille distraite aux réponses. Je me prémunis des confessions, ne crée pas d'intimité particulière et surtout, je marche rapidement. Le secret est : marcher trop vite.

Il y a une quinzaine d'années déjà, j'ai pris le poing décidé d'un père fiévreux en pleine face. Je n'avais pourtant rien fait de spécial pour mériter ça, enfin il me semble. J'ai été mise K.-O., je ne me souviens de rien. De plein fouet, ce déséquilibré m'a envoyée au tapis avec dix points de suture, un trauma crânien, deux mois d'arrêt maladie et des années de dépression. Des fleurs et des chocolats, ainsi qu'une photo de leurs trois enfants « moins un » envoyée par la femme du fou, m'ont convaincue de ne pas porter plainte. La mère avait joint, au petit mot écrit de sa main me suppliant de pardonner, un dessin glaçant du petit dernier qui représentait une maison sous la pluie aux volets clos. Les couleurs allaient du noir au brun et l'arbre du jardin était mort, déraciné. J'ai eu pitié de cette famille d'estropiés et je les ai laissés vivre en paix.

À mon retour, j'ai cherché maintes fois à me faire remplacer mais, bizarrement, personne n'a voulu prendre ma place. Je suis donc restée mais j'ai travaillé autrement. J'ai laissé de côté le cœur pour me concentrer sur l'administratif. J'ai massé ma cicatrice pendant des années afin qu'elle disparaisse, elle s'est seulement estompée, passant du rouge au rose. C'est un travail finalement dangereux pour un salaire aussi misérable, on devrait percevoir des primes de risques. En vieillissant, les gens m'ennuient plus encore avec leur peine, je les supporte de moins en moins. J'ai mes propres problèmes mais tout le monde s'en moque. Qui s'intéresse à la petite dame de l'administration et à sa vie minable ? Personne ne me plaint, personne ne pleure sur mon sort, personne ne m'encourage, personne ne me voit. J'en conviens, tout peut paraître insignifiant à côté de la disparition d'un enfant mais je n'ai plus d'espace pour le malheur des autres.

Tout n'est pas doux chez moi.

Ce soir, immuablement je retrouverai Gérard, mon triste mari avare de gestes tendres, avachi depuis des années sur le canapé défoncé. Vingt ans de dépression qui font de lui un légume gavé ras la gueule d'émissions télévisées.

Un matin, il ne s'est plus levé et j'ai dû tout porter. Que faire d'un homme dans la force de l'âge qui un jour décide de ne plus avancer ? Il passe du lit au fauteuil, du fauteuil au lit et, suivant son humeur, du lit au lit. Trente fois par jour, il fait un crochet par les placards de la cuisine pour avaler de faux aliments prédigérés. Il est un piètre allié dans cette vie de chien, il boit mon gagne-pain et mange mon maigre salaire. J'ai envie de le secouer, de le mordre.

Cependant, je tiens, je reste, je lui trouve des excuses. Je lui suis fidèle, à lui et à ce que nous étions.

Nous avions pourtant bien commencé tous les deux, notre photo de mariage sur le buffet peut en témoigner. Gérard n'avait qu'une ambition : être un bon père et il avait confiance en nous. Il voulait un fils, rêvait de tapes viriles en fin de matchs gagnés, mais plus que tout, il voulait réparer son enfance et faire mieux que son propre père. Moi, j'espérais secrètement une fille à qui j'aurais répété inlassablement qu'elle était intelligente et ravissante jusqu'à ce qu'elle en soit parfaitement convaincue. Notre toute petite vie à deux a commencé douce, sous les meilleurs auspices. Gérard était lui aussi meurtri mais optimiste et doux rêveur. Il me valorisait, persuadé qu'ensemble nous étions appelés à accomplir de grandes choses. J'ai cru en notre bonne étoile et à la prophétie de ma mère qui disait qu'un jour mon prince viendrait et m'emmènerait loin.

Une année est passée, puis deux, trois puis quatre sans la lumière d'un enfant à l'horizon. Des examens ont confirmé ce que nous craignions : l'infécondité de Gérard. Nous sommes tombés, avons touché le fond puis nous nous sommes relevés, ensemble. Qu'importe, des milliers d'orphelins à travers le monde nous attendaient, les bras et le cœur grands ouverts. Nous avons plongé dans l'adoption comme dans la plus grande aventure de notre vie. Nous n'avons pensé à rien d'autre. Nous en discutions des heures durant puis un jour nous avons été prêts. Nous avons réuni les kilomètres de documents demandés par la Dass, rédigé nos plus belles lettres d'intention, médusés de voir que nous étions capables d'écrire de si jolies choses. Nous avons enchaîné les rendez-vous déstabilisants avec une psychologue névrosée puis accueilli dans notre petit appartement, récuré et rutilant, l'assistante sociale pour des investigations socio-économiques. Nous nous levions tôt pour chacune de ces rencontres et nous nous préparions pendant des heures, changions dix fois de tenue, si inquiets de notre reflet. Nous voulions être beaux, élégants, parfaitement irréprochables. Nous serions de futurs parents exemplaires, les meilleurs candidats. Nous avons suivi, en parfaits soldats, les procédures un tantinet crispantes en nous pliant à chacun de leurs desiderata. Ils ont bien tenté de nous décourager en nous refusant une première fois notre agrément.

Cela n'a pas suffi, nous avons attendu une petite année puis nous nous sommes remis en selle et nous nous sommes présentés une seconde fois comme parents potentiels d'un enfant pupille. Nous avons cru au plus profond de nos êtres en notre ultime chance de construire notre foyer, franchissant chaque étape avec notre cœur. Qu'il soit du bout du monde ou de l'arrondissement voisin, quel qu'il soit, nous désirions plus que tout cet enfant. Ce fut un nouveau refus des services sociaux, catégorique cette fois. Nous ne pouvions pas adopter. Nous n'étions pas ce qu'ils attendaient.

Mais qu'est-ce qui clochait chez nous ?

Les enquêtes ont décelé des failles psychologiques importantes remontant à l'enfance et ont émis des doutes sur notre stabilité émotionnelle. Au téléphone, l'assistante sociale a ajouté avec une délicatesse extrême que l'enfant adopté a besoin de se sentir appartenir à un clan, à une famille dans son ensemble. C'est-à-dire, avoir des cousins, des oncles et tantes, des grands-parents présents. Étant donné notre quasi-absence d'environnement social, une adoption était difficilement envisageable. Elle s'excusait à chacune de ses inspirations, il n'y avait pas de reproche dans le son de sa voix. Je croyais déceler une pointe de tristesse qui ne devait être certainement que de l'empathie.

Malgré nos efforts, nous n'étions pas parvenus à nous inventer une famille, aussi minuscule soit-elle. Je me souviens maintenant que nous avions même eu grand mal à trouver des couples d'amis référents pour témoigner de notre capacité à être parents.

Ils avaient raison, nous étions seuls au monde. Nous n'étions que deux dans notre quotidien étriqué et même si nous luttions chaque jour pour en sortir, il nous rattrapait.

Gérard a conclu le jour suivant l'annonce que ce devait être ainsi, que c'était certainement une bonne chose que nous ne transmettions pas nos gênes et notre héritage familial à un pauvre innocent. Qu'il s'agissait là d'une forme de sélection naturelle et que nous pourrions peut-être même être dangereux. Tous ces gens de la commission d'adoption, qui nous avaient dit « non » pour la seconde fois, étaient des professionnels avec de vrais diplômes qui devaient en connaître davantage sur notre propre compte que nous-mêmes. C'est ainsi que la première et la plus grande aventure de notre vie s'est soldée : avortée, morte dans l'œuf.

Nous n'avons plus jamais évoqué l'idée de construire une famille et Gérard s'est retranché dans sa grotte pour ne plus en sortir.

J'ai avancé dans le gris pour deux. Nous avons la vie chagrine que nous méritons.

J'attends ma mesquine retraite comme on attend le train de banlieue sur le quai. Il me reste encore plus de dix ans à tirer et elle ne me permettra même pas d'acheter un appartement sur la côte.

À l'hôpital, je connais tout le monde mais personne ne me connaît vraiment. Je suis l'oiseau de mauvais augure qui escorte le malheur. Je n'ai pas d'amis, il n'y a pas d'espace pour ma propre plainte. Allez au diable, tous, avec vos grands maux. Je ne crois plus en rien, mon cœur est acide, lourd de peines et de rancœurs.

Où est l'enfant pour qui nous aurions décroché la lune ?

Il n'a existé que dans nos rêves mais moi je sais que tous avaient tort.

Nous aurions été de bons parents.

LA MÈRE, LA FOLIE MEURTRIÈRE

J'ai du mal à la suivre, elle dévale les escaliers, elle court, elle est pressée et veut nous expédier, c'est évident. On dirait que ses jambes s'évertuent à rattraper son tronc qui lui-même court après sa tête. Nous sommes contraints de tenir sa cadence infernale alors que nous n'avons qu'une seule envie : arrêter le temps. Je ne sais pas où nous allons exactement, à aucun moment cette petite dame ne nous oriente sur notre destination. Elle m'agresse avec son air décidé et son pas militaire. Elle s'est présentée si vite que ses mots se sont précipités en se coupant eux-mêmes la parole.

Au vol, son nom m'a échappé mais j'ai deviné entre deux mots que nous serions libérés dès que nous aurions réglé nos dernières obligations administratives : la déclaration de décès.

Mais oui, bien sûr, c'est évident, nous devons signer ce papier avant de pouvoir quitter définitivement cet hôpital maudit.

Hier à peine, nous déclarions ta naissance. Nous nous étions amusés à jouxter à ton prénom la litanie des saints, ce qui avait prodigieusement agacé l'agent de mairie pour notre plus grand plaisir. Plus il s'irritait, plus nous étions tentés d'en rajouter. Cinq en tout. Nous nous étions dit qu'au moins, avec cette ribambelle de saints autour de toi, tu serais bien protégée et que rien ne pourrait t'arriver.

La petite dame court, nous parle de la pluie et du beau temps, puis elle fait les comptes : cinq décès depuis ce matin ! Je ne peux pas y croire, nous venons de prendre la peine maximale et madame fait ses comptes. Si, si, elle insiste, c'est un défilé de petits morts aujourd'hui, ce qui la contraint, pauvrette, à de nombreux allers-retours. Elle esquisse un sourire bête ou gêné, se rendant peut-être compte de l'énormité qu'elle vient de dire. Elle ouvre les hostilités, elle s'impatiente, voudrait clore notre dossier mais nous sommes si lents.

Suis-je vraiment obligée d'écouter sa voix de crécelle qui déblatère des horreurs sur un ton de balivernes ?

Quelle plaie ! Je lance des regards sidérés à Gilles qui, pris dans ses pensées, ne semble porter aucune attention à la bêtise de notre championne. Soudain, une vague de haine m'envahit, je vais devoir la faire taire, lui éclater la tête et les dents, la faire rouler dans l'escalier, lui crever les deux yeux ou bien lui arracher les ongles. Tout à la fois. Un mot de plus et je la tue, sur place, ici et maintenant. Lui faire mal me soulagerait drôlement, rien ne me retient au fond et personne ne m'en voudra de liquider cette niaise.

« Hé oh, grognasse, tu parles de mon enfant ! »

Pourtant, aucun son ne sort de ma bouche pâteuse. Que peut-elle raconter à son mari le soir en rentrant ? Tient-elle un livre de comptes funestes avec des totaux zélés d'apothicaire ? Fait-elle des statistiques, des moyennes, des courbes, des schémas de son quotidien minable d'enfants sans vie ?

Peut-être n'a-t-elle pas toute sa tête ? Elle me désarme, mon cerveau n'est que papier mâché et les mots d'une repartie bien sentie restent coincés dans ma gorge. Elle a le mérite de me décentrer de ma douleur pour la transformer le temps d'un instant en violence.

Puis je me dégonfle et me résigne, je ne suis rien qu'une poupée de chiffon trottant derrière une bonne femme insupportable. Finalement, je lui laisse la vie sauve et me laisse conduire sans résistance par cette âme grise à travers le labyrinthe de l'hôpital.

Une fois cette fichue déclaration signée, nous devrons téléphoner à nos familles et à nos amis.

Annoncer que Rose s'est envolée vers d'autres cieux, qu'elle a fait de nous des « parents à la retraite » et que plus rien ne nous concerne. Qu'il va falloir nous oublier, que nous allons partir loin. Personne ne sait, les prières se poursuivent et se perdent dans le vent. Il faudrait prier pour nous maintenant ou arrêter tout bonnement.

À qui, à quoi suis-je utile à présent ? Par ta naissance, tu as fait de moi une mère dont maintenant tu n'as plus besoin. Ta mort m'exclut de celles qui concoctent des compotes maison, qui mouchent le petit nez qui coule, qui refont un lacet, qui tiennent la main pour traverser ou déposent un baiser sur une joue tendre.

Je suis une mère virtuelle, fictive et parfaitement inutile. Je ne comprends pas ce qui nous arrive, ni pourquoi.

Je me demande où mon cerveau rangera, triera et archivera le cataclysme que nous vivons. De précieux détails essentiels vont s'effacer et il se peut même qu'au fil des saisons, j'invente une tout autre histoire, édulcorée, lisse et douce. Je voudrais fixer dans ma mémoire les images, te rester fidèle en gardant précieusement chaque fragment et particule de toi.

Nous remontons lentement, Gilles et moi, les allées goudronnées, nous sommes prêts à quitter l'hôpital. Nous rentrons chez nous nous mettre à l'abri, ils ont lâché les loups. Je voudrais prendre Gilles par la main et courir comme des déments jusqu'à la sortie.

Demain matin, nous reviendrons à la première heure, fouler ces mêmes chemins pour retrouver Rose dans sa chambre mortuaire.

Ce sera sa première nuit sans nous, chez les morts. Si j'écoute les dires de cette dame de l'administration, elle ne sera pas seule.

Moi qui n'ai jamais bu ni fumé quoi que ce soit, j'ai envie de faire les deux à la fois et demain la gueule de bois, aussi sévère soit-elle, sera la bienvenue.

La folie gronde, grossit, elle vient me cueillir, envahissante.

6e partie

L'AUMÔNIER, DE LA PAILLE POUR LA CRÈCHE

On a entendu des cris à Rama,
Des pleurs et de grandes lamentations :
Rachel pleure ses enfants,
Et n'a pas voulu être consolée,
Parce qu'ils ne sont plus.

Mt 2, 18

Je n'en peux plus, je suis à bout.

Je suis usé, je ne tiendrai pas beaucoup plus longtemps. Pourtant, je sais que ma place est ici auprès d'eux, entre merveilles et désolations. Quelle idée mon cher évêque a-t-il eue de me désigner aumônier de Necker, hôpital des enfants malades ? Je ne suis plus certain d'avoir le charisme ni les épaules assez solides pour poursuivre ma mission. Pourtant, je ne pourrais pas être ailleurs, le Seigneur m'a conduit ici.

Mon Dieu, quel sacerdoce ! Je distribue à la pelle le sacrement des malades à de jeunes enfants et j'accompagne un temps les familles. Cette charge, trop grande pour moi, me dépasse. Elle m'effraye, elle m'accable même si le plus souvent elle m'édifie. Je suis si proche des anges que j'entrevois le paradis. Je lis le Christ en chaque enfant et ma foi pourtant immense est sans cesse ébranlée par ce flot de douleurs.

Je sais qu'Il est là, qu'Il veille.
Seul, je ne peux rien.

L'enfant est riche de cette faculté hors du commun de toujours choisir le bonheur pour s'épanouir en plein désert. Il s'accommode et dilue les difficultés en simplifiant la maladie pour se centrer sur l'essentiel : l'amour.

Le long des corridors, je rencontre ces êtres exceptionnels de lumière qui s'imaginent des kaléidoscopes fabuleux. Guerriers infatigables, éternels optimistes, ces enfants sont les ambassadeurs du courage. Je les aime profondément, quel exemple de résilience !

Si seulement j'avais le don divin de guérir et, par la seule imposition de mes mains, de délivrer l'enfant de tous ses maux, je serais le plus heureux des hommes. Je dis cela sans orgueil, je me sens impuissant et voudrais faire tellement plus. J'ai fini par comprendre que ce n'est pas la maladie, aussi grave soit-elle, qui rend l'enfant profondément malheureux mais l'absence ou la défaillance de ses parents. Face à la sécheresse d'un foyer familial, nous nous noyons dans un concentré de misère humaine où nous peinons à sauver l'enfant. Lorsque certains mettent vingt ans pour fabriquer un homme, d'autres démissionnent dès le premier instant. Je suis compatissant et proche de leur solitude car je connais ce sentiment.

Tout au long de mon enfance, j'ai manqué viscéralement de tendresse mais, entendez-moi bien, je n'ai pas dit d'amour. J'ai poussé sans caresse, droit autant que possible. Nos vies étaient abruptes mais nous étions heureux.

Je suis le cinquième d'une fratrie de dix et je me rappelle ma mère ronde du suivant, épanouie de l'être. Une fois qu'elle découvrait le visage de l'enfant dans les bras d'une amie venue pour la délivrance, ma mère choisissait seule le prénom du nouveau-né. Personne n'avait voix au chapitre, au grand dam de mon père. Nous faisions des paris entre nous et le veinard qui devinait le prénom gagnait trois mois sans corvée.

J'étais terriblement jaloux du tout dernier qui, vite chassé par un autre, rejoignait nos rangs. Je dois être le plus sensible de la fratrie car j'ai cruellement souffert de ce manque de chaleur et je suis le seul à m'en plaindre. J'étais un doux, je le suis toujours. Quelle grande qualité, je le sais maintenant.

Mon Dieu, comme j'ai espéré ma mère et comme elle m'a manqué.

Elle était admirable de courage, qu'elle porte la vie ou même juste accouchée, elle travaillait, infatigable.

Puis l'enfant était baptisé les jours suivants dans la joie au son des trompettes. Des familles voisines nous entouraient lors du sacrement et nous partagions un festin pantagruélique préparé par les femmes. Nous dansions tout le jour et, mes frères et moi, nous nous prenions de passion pour nos robustes mais jolies voisines que nous n'approchions pas, pour mieux les rêver dans nos lits. Les moins farouches occupaient nos pensées et nos conversations.

Nous nous faisions discrets pour éviter les punitions, nous craignions terriblement la figure du patriarche autoritaire et coutumier des châtiments corporels. Il se tuait à la tâche pour subvenir aux besoins élémentaires de cette énorme famille et considérait les bons sentiments comme nocifs engendrant des mauviettes, voire des demi-hommes.

Nous aidions sans rechigner aux travaux agricoles. Le grand air est le meilleur souvenir de liberté de mon enfance. Nous étions toujours par monts et par vaux, jamais personne ne s'inquiétait pour nous.

La terre normande était lourde et généreuse, elle rendait au centuple à celui qui se courbait pour la soulever. Jamais nous n'avions faim et, grâce à elle, nous n'étions pas si pauvres. On nous appelait les « bouseux », nous étions fiers de cette insulte et peut-être même étions-nous heureux de l'être. Je baladais sur les chemins la terre grasse qui pesait sous les semelles de nos bottes percées. Il y avait l'odeur de l'humus et des fougères dans les sous-bois, l'herbe gorgée d'eau devenue fluorescente où les bêtes broutaient inlassablement. Excepté les tapes viriles reçues de mes frangins, la seule caresse était celle du vent fou qui venait du large. Sans repos, il fouettait nos joues rouges à vif qui se desséchaient puis se craquelaient. En haut des falaises, les femmes ne lâchaient pas leurs cheveux, elles les emprisonnaient sous d'épais bonnets de laine.

Par réflexe et dix fois par jour, sans comprendre ce pour quoi nous le faisions, nous nous signions d'un geste brouillon devant le même calvaire dont la rouille du Christ, pareille à du sang, suintait un peu plus à chaque grain.

J'avais sept ans lorsque Dieu m'est apparu comme une évidence. J'intégrais l'internat d'une école jésuite de garçons comme beaucoup des enfants des campagnes de l'époque, et ne rentrais qu'aux vacances. Nos vies n'étaient que rudesse et des prêtres presque toujours bienveillants et convaincus se dédiaient à notre éducation.

Je suis entré pour la première fois dans la chapelle en décembre, une poignée de paille sèche pour la crèche rapportée de la ferme à la main. Je la déposais, béat et appliqué, au fond de la mangeoire, me sentant investi de la plus grande des missions : Jésus devait avoir chaud. La chapelle était le seul lieu qui n'était soumis à aucune règle, hormis celle du respect du silence absolu. J'étais délivré du regard de l'adulte et c'est cette solitude qui m'a ouvert le chemin de la foi. La chapelle, même austère, était mon refuge, propre et reposante. Je me délectais du bruit du bois des bancs polis qui craquait et rebondissait contre les murs blancs peints à la chaux. L'odeur de l'encens ou de la cire d'abeille me faisait tourner la tête.

Il s'agissait pour moi du seul interstice de paix, loin du chahut assourdissant de mes camarades, du boucan familial et des brimades des adultes. Au fil de mes premières visites, je détaillais les statuettes de plâtre représentant Marie, Joseph et les saints. Moi qui n'avais jamais été en contact avec aucune forme d'art, j'admirais les couleurs des visages, les dorures des vêtements et la bienveillance de leur regard. Tout naturellement, j'ai commencé à bavarder avec eux, à leur raconter mes journées, à leur confier mes peines comme mes joies. Petit à petit, nos conversations ont quitté la chapelle, ils m'accompagnaient dans les couloirs de l'internat et me portaient secours. Sans cesse, je parlais à Dieu sans avoir conscience qu'il s'agissait d'une prière.

Il m'inspirait, me rassurait. Présent dans chacun de mes pas, de mes gestes. À la fois mon confident, mon soutien, mon ami, ma lumière et mon Père. Partout et en tout. Mon tout.

Adolescent, j'ai été tenté de me détourner et d'embrasser la vie de mauvais garçon qui me tendait les bras, mais l'appel de Dieu a été le plus fort. Je l'ai choisi et reçu tout au long de ma vie.

J'étais presque adulte lorsque mon père est décédé sans crier gare d'une crise cardiaque, vieilli prématurément par les travaux des champs et certainement par le mauvais tabac qu'il fumait à toute heure. L'église était bondée d'anonymes, venus de tout le département rendre hommage à cet homme frustre et rugueux. J'étais brisé d'apprendre qu'il était apprécié et respecté de tous alors que, pour moi, il n'était qu'un inconnu dont je ne connaissais ni la valeur, ni l'humanité.

Ma mère a rejoint le Père, bien plus tard. J'ai pu caresser les sillons de ses rides profondes de vieille femme pour la première fois sur son lit de mort. Je me suis autorisé à déposer un baiser sur sa joue fraîche. Je lui ai soufflé à l'oreille que je l'aimais et elle a coulé sur moi deux billes surprises puis elle a souri. Elle est partie en emportant dans l'au-delà la tendresse offerte du petit garçon que je n'étais plus. Je me surprends parfois à la rêver surgir d'outre-tombe pour m'étreindre longuement.

Mes parents avaient évidemment pour nous une profonde affection, mais il est certain qu'on ne leur avait pas appris à bien aimer et ils ne savaient simplement ni donner, ni recevoir. Il était bon de ne devoir rien à personne. Il s'agit là d'un handicap qui se transmet si l'on n'y prend garde. Peut-être qu'aujourd'hui des psychologues ou des psychiatres mettraient un mot de leur jargon sur la maladie du cœur dont ils souffraient et pourraient même la soigner.

À travers les vitres des chambres, jamais je ne me rassasie de la tendresse d'une mère courbée sur son enfant qu'elle respire avant de déposer un baiser sur son front. Je devine l'intimité des cœurs à travers ses gestes délicats et ses mots sucrés murmurés. Je voudrais entendre la comptine chantée à voix basse, moi qui n'en connais aucune.

Je suis tombé amoureux des centaines de fois de demoiselles plus attirantes les unes que les autres qui auraient été de parfaites épouses. Je me suis même fiancé à une femme magnifique qui fait toujours partie de ma vie et avec qui je corresponds. J'aime toujours autant recevoir ses lettres que j'ouvre comme un collégien épris. Il n'y a aucun regret dans le son de ma voix, au mieux un peu de nostalgie. Je l'avoue, c'est si doux d'être le préféré, si bon de n'être préoccupé que par le bonheur de l'autre. J'ai tant aimé être amoureux. Elle s'est mariée et ses enfants ont à présent eux-mêmes des enfants. Elle m'a avoué, à la rupture de nos fiançailles, qu'elle me soupçonnait de lui être infidèle, qu'elle avait le sentiment de me partager sans jamais se sentir l'élue de mon cœur.

Bien plus tard, une redoutable crise de la quarantaine m'a ébranlé pour me laisser à moitié mort. J'aspirais à la paternité et cet aveu inavouable était insupportable. Je gardais secrètement le désir honteux de construire ma propre famille. J'avais besoin que l'on prenne soin de moi, que l'on s'inquiète pour moi et de recevoir des gestes physiques d'affection. La privation faisait monter en moi un sentiment violent d'injustice. Je fuyais les familles de ma paroisse, en proie à une profonde dépression.

À ce moment, j'ai cherché en vain dans la nuit les bras réconfortants de ma mère. Mon père spirituel, qui avait connu une crise similaire au cours de sa vie monastique, a su trouver les bons mots. Ma foi n'en a été que plus grande et, la crise dépassée, je me suis abandonné à Dieu pour renouveler mes vœux avec plus de force encore.

« Comment gardez-vous la foi dans cet enfer ? » est une question qui m'est souvent posée. La réponse est simple : la présence de Dieu est d'autant plus palpable dans des lieux de grande pauvreté.

Souvent, on me confond avec un magicien ou avec le Père Noël, mais il arrive que ce soit beaucoup moins amusant. On me provoque, on m'insulte, on m'attaque. Je me casse les dents sur les « que fait votre Dieu pendant que mon enfant souffre ? », « ton Dieu tue mon enfant, c'est ça qu'Il veut ? », « nous, on n'a rien fait de mal, alors pourquoi ? », « je suis athée, dehors ! », « méfiez-vous ! Chez nous, on bouffe du curé ! », « vous ne manquez pas d'air de venir à l'hôpital des enfants jusque dans notre chambre avec toutes ces histoires moches de pédocriminalité chez les cathos ! ».

J'ai la peau aussi dure que celle des préjugés.

J'ai souvent le sentiment d'être dans le passage, balayé du revers de la main. N'allez pas croire que le dégoût et la haine que je lis dans certains regards ne m'atteignent pas. Même au nom de Dieu, c'est douloureux d'être rejeté, humilié. J'aurais envie, juste une seconde, de répondre par le mépris ou par un même aboiement à cette agressivité mais finalement, les bras ballants, je compatis et m'efface devant tant de souffrances. Sur la pointe des pieds, le messager de Dieu s'éclipse. Alors qu'il voudrait qu'à chaque fois on lui prenne la main qu'il tend dans la nuit.

Sur le chemin du presbytère, je croise les parents de la petite Rose du service d'immunologie, et prends des nouvelles du front. Une dame de l'administration, que je ne connais que de vue, les accompagne. Elle est gentiment moquée par les membres de l'équipe pastorale parce que toujours pressée. On la dit même, en riant, poursuivie par le diable en personne. Je sens furtivement qu'elle s'agace du temps que pourrait lui faire perdre notre rencontre fortuite mais je choisis de l'ignorer pour me concentrer sur les parents. La présence de cette dame, avec sa fonction si particulière dans l'hôpital auprès d'eux, n'est pas rassurante.

D'une voix éteinte, ils m'annoncent ce que j'ai deviné. Ils ont choisi de laisser Rose partir pour le repos éternel. Elle a rejoint notre Père un peu plus tôt dans la matinée. De mes mains, Rose avait reçu, la semaine dernière, le sacrement des malades.

Ma chair saigne.

La mère est fuyante, je cherche en vain à échanger un regard mais elle m'échappe. Elle est bien tournée vers moi et nous nous disons quelques mots sur les formalités en cours mais elle semble voir à travers moi. À aucune de mes visites dans leur chambre, je n'ai eu le sentiment de déranger, recevant toujours un accueil bienveillant. Elle était chaleureuse et enthousiaste mais aujourd'hui, c'est différent.

Ils désirent se reposer, m'explique-t-elle, prendre des vacances et disparaître. Je tique sur le « disparaître » dont je connais si bien le double sens. Je reste prudent en évitant toute maladresse de formulation, les parents en souffrance entendent d'autres mots ou leur donnent un autre sens. Mon message que je sais maladroit, je le voudrais, de tout mon être, réconfortant et lumineux.

Pris par le temps, avant qu'ils ne me tournent le dos et qu'il ne soit trop tard, je leur lâche dans un souffle une phrase bien trop longue : « Croyez sans relâche au mystère, sentez la présence de Dieu en vous, Il est là et vous portera. Inscrivez le nom de Rose dans le grand livre de l'Éternel. Elle veille sur vous. »

J'ai cru déceler un discret haussement d'épaules chez la maman de Rose, je ne l'ai pas convaincue. Pourtant, dans un même mouvement d'approbation, ils hochent la tête.

Je connaissais bien le combat mené par Rose pour survivre. Elle luttait de toutes ses forces, immenses pour son petit âge. Elle était de ces enfants qui sont là, toujours. Je l'ai vue s'affaiblir au fil de mes visites, mais ses yeux bleus incandescents conservaient leur éclat.

J'avais tenu un jour compagnie à sa mère qui lui faisait la toilette. La chimiothérapie, toujours plus mauvaise, sévissait. Ses cheveux fins se collaient au gant et flottaient à la surface de l'eau de la bassine. Toute la famille se débattait contre la maladie, à grands coups d'espoir. Bien sûr, personne ne s'aventurait à s'inventer un avenir mais le présent était savouré. Les parents de la petite Rose avaient la foi, ils priaient pour elle et avec elle avec une ferveur obstinée. Ils n'ont jamais cessé d'espérer la guérison de leur fille. Je les ai aperçus de nombreuses fois sur les bancs au fond de ma chapelle, le soir lorsque leur petite s'était endormie.

Ce soir, avant de tomber dans les bras de Morphée, je confie cette famille avec une infinie tendresse au Père.

D'autres malades, seuls dans leur chambre, affrontent le diable et ses démons. Je sais tout cela.

Je dors depuis quelques heures lorsque le téléphone sonne. Il est juste trois heures lorsque je m'extirpe de mon lit pour courir donner, en catastrophe, l'extrême-onction à un jeune garçon qui, victime d'un accident de la route, vit ses derniers instants. Je dévale en courant les allées aux teintes orangées éclairées par des halogènes que le froid rend fumantes. Une équipe de réanimateurs urgentistes me dépasse sans effort, sacs aux dos, armée jusqu'aux dents. Le petit rigolo du groupe, à qui l'on donnerait le Bon Dieu sans confession, ralentit sa foulée et une fois à ma hauteur, me crie en riant : « Du nerf Padre ! Demain je vous emmène faire du cardio. » Tous s'esclaffent de bon cœur.

Le petit Adam n'attendra pas que le jour se lève. L'infirmière de garde m'indique à voix basse que le père, qui était au volant, soigne ses égratignures et dégrise dans une autre aile de l'hôpital. Le réveil sera coupable, je passerai voir ce pauvre homme demain matin. La mère est introuvable. Sur le pas de la porte de la chambre, un tremblement me parcourt puis j'entre. Les grands-parents sont présents autour du petit corps presque recouvert entièrement d'un drap. Ils se lèvent pour me saluer et me remercient d'être venu si vite. Ils sont touchants avec de beaux regards tristes. Les médecins, après avoir tout risqué, se sont retirés, impuissants.

Je prie dans la nuit avec ce couple effondré autour du corps de leur petit-fils. La communion des saints est exactement cela : ensemble, nous ne formons qu'un seul corps, celui du Christ.

De nouveau dans mon lit, la nuit touche à sa fin. Remué, je peine à recouvrer le sommeil.

L'aube me le chuchote : « Heureux les cœurs purs, ils verront Dieu. »

J'ai besoin d'un vrai repos, je ne suis plus sûr de vouloir rester à Necker.

Dans un demi-sommeil, je rêve ma retraite.

Mon évêque aurait pour moi le projet de me renvoyer sur ma terre natale où je pourrais reprendre mes études de théologie et finir ma thèse sur saint Léger. Couper à travers champs, piétiner sur mon passage les herbes hautes, écouter la pluie sur l'ardoise, respirer les embruns venus de la mer et fleurir la tombe de mes parents.

Mes frères, priez pour moi. J'en ai grand besoin. Je me souviens de tant de petits visages qui ont rejoint le Père.

LA MÈRE, LA CROIX

Tu vivrais.

Notre prière si brûlante, si fervente serait bien évidemment exaucée, et nous serions bientôt récompensés de notre foi et de notre espérance sans faille. Nous avions mis les bouchées doubles et, sponsorisées par l'Église catholique, des chaînes de prières s'organisaient, faisant naître à travers le monde une kyrielle de bénédictions plus belles les unes que les autres. À coups de chapelets égrénés, de litanies des saints et d'adorations ardentes, nous étions les premiers en lice à mériter la guérison. La foi qui prétendument déplace des montagnes pouvait bien sauver notre fille de la mort.

C'était si peu par rapport à ce qu'Il pouvait accomplir. Après tout, nous ne demandions qu'un tout petit miracle de rien du tout.

Nous étions de doux rêveurs et de nos heures passées à genoux pour supplier Dieu de te sauver, il ne reste rien.

Face à une telle détermination collective, ne pas avoir été exaucés est indécent.

Aujourd'hui, je ne ferai pas mon détour coutumier par la chapelle pour implorer Dieu de sauver ma petite, ni même qu'Il me la rende. Il l'a gardée pour lui sans que je la lui offre. Je ne m'installerai pas face à l'autel pour admirer les colombes sculptées dans le bois doré du tabernacle.

J'ai perdu l'espérance, les colombes sont mortes, le cou tordu et les ailes pliées.

Je n'ai plus le pieux orgueil de penser que nous sommes des élus. Je suis lucide et je hurle en silence que je Te hais, que je veux T'oublier. Tu nous abandonnes.

Où est passée la lumière ? Un feu de pacotille.

Nous vivons dans le noir d'une éclipse permanente.

Je ne veux plus croire.

Nous avons bien vécu, dans notre chair, la traversée du désert, la Semaine sainte puis Pâques mais nous n'avons jamais vu les couleurs de la Résurrection.

Enfoiré de miracle, tu n'es pas venu ! Pourquoi ? Nous ne te méritions pas ? Étions-nous trop insolents de ne jamais douter ?

Des miraculés, nous en rencontrions parfois. Nous recevions la visite d'anciens malades venus témoigner, comme investis d'une mission sur terre. Toujours avec de louables intentions, ils baladaient leur bonne fortune de chambre en chambre. Survivants exaspérants, ils connaissaient chaque recoin de l'étage, embrassaient les infirmières, blaguaient avec les aides-soignantes, tutoyaient les secrétaires. Ils étaient chez eux. Je ne savais pas s'il fallait leur sauter au cou ou les détester, je les admirais autant qu'ils m'agaçaient. L'envie me prenait, dans un même mouvement, de les embrasser et de les mettre à la porte de notre chambre d'un grand coup de botte.

L'abominable question reste en suspens : pourquoi eux et pas notre adorable Rose ? J'entends, de la bouche d'autres, que nous devrions nous réjouir et être fiers que notre fille soit une petite sainte au cœur pur, morte sans péché.

Ce serait notre lot de consolation ?

Une sainte ?

Ah ! La belle affaire ! Je me fous d'une sainte, je veux mon enfant !

Et puis, la sainteté s'accompagne souvent du martyr, alors merci, sans façon. Je n'en demande pas tant. C'est trop tôt et trop peu pour m'apaiser. Pour l'heure, je ne suis que colère. J'ai envie de foutre le feu à la chapelle et au presbytère. Je me sens flouée par ce Dieu en qui j'ai mis ma confiance et qui n'écoute pas.

Je ne sais plus, je me perds. Envisager le néant, le rien après la vie m'est insupportable. Le doute m'écrase, je me raccroche, désespérée, à l'idée que oui, elle est vraiment auprès du Père. Il ne peut pas être autrement, elle a dû passer devant tous les autres et contemple, aux premières loges, sa grandeur. Pour moi, la porte des enfers s'est ouverte et elle m'engloutit.

À présent, je resterai sur les parvis des églises sans passer le porche. Les enivrantes vapeurs d'encens me manqueront certainement mais je ne suis pas sûre que nous pourrons nous réconcilier.

Notre course continue, toujours sur les talons de la femme de l'administration et nous croisons justement l'aumônier qui nous a rendu souvent visite. Nous l'aimons bien et nous nous arrêtons naturellement pour échanger quelques mots. Je soutiens difficilement son regard, préférant finalement reprendre ma course mais il nous retient.

J'ai perdu Rose et la foi dans la journée.

Notre attitude nous trahit, il sait et a déjà tout compris. Il nous présente son sourire franc habituel. Parler me coûte, mes mâchoires contractées sont endolories et l'intérieur de mes joues, mordu au sang. J'ai un goût de métal dans la bouche. Il se veut délicat mais il perd son temps, je n'ai plus confiance. Désenchantée, je peine à le regarder dans les yeux. Mon éducation ne me permet pas de lui dire frontalement ma pensée, il m'exaspère mais on ne dit pas à un prêtre d'aller au diable avec ses bondieuseries. À la place, je m'entends expliquer aimablement que nous allons prendre des « vacances » et butte sur le ridicule du mot. Comme si nous étions au travail lorsque nous étions à son chevet et qu'à présent nous allions prendre quelques jours de villégiature au soleil. Grotesque.

Je n'ai pas le cran de lui fausser compagnie et d'ajouter que son Bon Dieu peut bien me lâcher la grappe.

Au moment de nous dérober, l'homme nous lance avec conviction de longues envolées spirituelles qui tombent à plat. Nous ne sommes pas prêts à les accueillir et ses belles paroles restent sans écho. Je rattrape de justesse un soupir d'exaspération. C'est mieux qu'à cet instant il ne puisse sonder le fond de mon cœur, il n'y est pour rien ce pauvre homme qui est, je le sais, si bon.

L'espace d'une seconde, je crois même lire une moue d'exaspération sur la face plate de la peau de vache de l'administration.

Décidément, elle ne manque pas d'air, cette conversation ne lui est pas adressée. Vraiment, quel phénomène celle-là ! Elle ne doute de rien et nous entraîne à sa suite. Elle est notre prétexte pour fuir.

Sur une des portes qui s'égrènent le long du couloir, je lis en capitales : « DON D'ORGANES ». Nous passons notre chemin et je m'aperçois que le don de tes organes ne nous a même pas été proposé tant ils étaient en miettes. Un mal toxique s'était diffusé, s'immisçant dans chaque petite particule de toi et abîmant l'ensemble de ton corps.

J'aurais tant aimé qu'un enfant, même inconnu, soit sauvé et grandisse grâce à toi. Nous aurions répondu à l'ultime question par un grand oui d'allégresse.

Tu aurais fait partie des vivants le temps, non pas d'une vie, mais de plusieurs à la fois. Ton cœur en Bretagne, tes poumons dans les Landes, tes reins à Paris, tu aurais été partout, nous t'aurions reconnue au coin de chaque rue, de chaque ville.

Je me serais vantée des cent vies toutes plus glorieuses que tu vivais en même temps. Tu aurais été celle par qui la vie devenait possible, engendrant amour et bonheur.

J'ai cru encore entendre Rose. Je me retourne, je la cherche, où est-elle ? C'est une petite fille dans les bras de sa mère qui s'impatiente et demande à marcher.

Nous avions gagné des batailles mais de la guerre nous ne retiendrons que la défaite. Nous avons fini d'en débattre avec la mort, elle nous a fait un croche-pied et a eu le dernier mot.

Et toi, Gilles ? Nos yeux ne se sont toujours pas croisés. Tu ne m'as pas approchée. Il n'y a pourtant plus de troisième place entre nous deux, nous devrions être collés. Tu me manques tant. Tu ne m'as pas dit, repose-toi sur moi. Tu n'as rien dit. Tu ne m'as pas soufflé la réplique pour combler mon vide. Tu dégages une odeur aigre que je ne te connais pas et ton visage, d'une seule plaie, se couvre d'eczéma.

Toi et moi, nous irons voir la mer mais ce ne seront pas des vacances.

7e partie

LE THANATOPRACTEUR, LE MAGICIEN DES COULEURS

L'entrée des artistes se fait par le fond de l'hôpital. Je remonte chaque matin l'impasse de l'Enfant-Jésus pour rejoindre la chambre mortuaire et tenir compagnie aux frigos. C'est par ce minuscule passage que les petits corps sortent en toute discrétion, sans bruit et sans déranger ceux qui encore sont portés par l'espoir ou l'illusion.

Chut, les morts ! Et, par pitié, tenez-vous loin du chemin qui conduit aux urgences, à la cafétéria ou à la boutique de cadeaux. Un corbillard traversant un hôpital pour enfants, ça ferait désordre. Les morts, on les cache, on les évite, on les oublie, et nous avec. Nous qui sommes dans l'ombre, appliqués dans les soins ingrats. Ceux qui passent la porte de la morgue ne nous trouvent pas par hasard.

Pour ma part, je cohabite plutôt bien avec la mort et ce depuis toujours. Mes jours ne sont pas sans joie même si je vis au frais toute l'année. On me croit fou et bien plus encore puisque mes morts sont des enfants. Un marginal givré, un déséquilibré qui assouvit une pulsion malsaine ou je ne sais quoi de morbide. J'ai parfois l'âme grise du croque-mort, je le reconnais, mais ça ne va pas plus loin. Je me balade entre les deux mondes et, entre deux teintes, m'efforce de choisir la plus claire, celle de la vie. Mais c'est une lutte.

Lorsque j'observe mes collègues, tous ont un signe particulier, un truc qui cloche, un secret qui trahit le fait que l'on ne peut tomber ici par hasard.

Comme tous, j'ai mon histoire. Celle d'un petit frère qui avait cinq ans et qui était solaire. En pleine campagne picarde, au début des vacances de la Toussaint chez mes grands-parents, il est tombé et s'est noyé dans la mare au bout du pré. Nous l'avons retrouvé, une fleur de nénuphar blanc froissée au creux de sa minuscule paume. Il a donné sa vie pour une fleur, c'était un peu trop généreux. Depuis, la culpabilité familiale ne nous a jamais laissés dormir. Ma mère, la première, accusée de négligence et rongée par le remords de n'avoir pas su protéger son garçon, tout affairée qu'elle était au ménage de la maison. La vaisselle était faite, les couverts rangés dans les tiroirs et le balai se passait tranquillement. Ainsi, dans la lenteur de ce dimanche après-midi, pendant que ma mère finissait son rangement, l'air manquait à son dernier. Ma grand-mère accoudée sur la toile cirée, levait de temps à autre les pieds pour laisser passer la serpillière, découpait de nouvelles recettes d'un magazine pour retraités, tout en tenant une conversation barbante. Mon père bricolait dans l'appentis et réparait une lampe de chevet qui, elle, commençait sa cinquième vie. Mon grand-père, pourtant toujours dehors dans le potager, savourait sa sieste dominicale après un déjeuner trop copieux. Et moi, en préadolescent indéfini et affalé dans le canapé défoncé en velours ras élimé, j'échappais au bavardage stérile des deux femmes de la maison, plongé dans une enquête trépidante d'Hercule Poirot.

La démence des aboiements furieux du berger allemand, gardien fidèle de la ferme, nous a alertés. Les minutes suivantes nous plongeaient dans le cauchemar vertigineux qui s'invitait au cœur de nos existences. L'apparence de mon petit frère flottant, retenu à la surface par des branchages, était déjà indécente. Les cheveux collés sur son visage bleu griffé et ses membres mous ne luttaient plus et s'abandonnaient à la mort.

Mon père, acharné, pataugeait et se débattait dans la vase pour sortir le corps inanimé. La folie des femmes hystériques, les yeux exorbités de mon grand-père revenant d'outre-tombe, offrant ses mains noueuses pour accueillir la remontée du petit corps me reviennent. Des cris, des gémissements déchirants se sont élevés, semblables à des plaintes de bêtes ou de possédés. Ils étaient nôtres, longs et effrayants. Et moi, statufié, inutile et transparent. Pathétique. Des adjectifs qui me délimiteront longtemps.

Puis le silence après les cris, grave et épais. Toute la campagne hébétée s'était tue, généreuse, communiant avec nous. La nature reprit rapidement ses droits et les oiseaux recommencèrent à chanter comme si de rien n'était. Ils ont couché mon petit frère bleu dans l'herbe grasse de ce mois de novembre. Personne n'a couru chercher de l'aide puisque chacun savait que c'était fini. Mon grand-père lui a fermé les yeux, mon père s'est agenouillé les mains jointes, ma mère défaite s'est allongée le long du petit corps. Elle devait le sentir gelé au creux de son ventre chaud qui l'avait porté, contre sa poitrine qui l'avait nourri. Ma grand-mère m'a ouvert ses bras et je me suis caché du monde. J'aurais voulu y rester indéfiniment.

Notre famille se tenait là, en cercle, courbée sur le corps, prostrée dans un profond mutisme.

Les années suivantes se couvriraient d'une chape assassine qui tuerait dans l'œuf tout embryon de joie. La disparition de mon jeune frère a fait de nous des condamnés. Personne ne parla plus, chacun perdu aux confins de ses profondeurs.

Depuis, la mare infanticide où nous nous baignions les mois d'août entre cousins a été asséchée et les nénuphars blancs n'ont plus poussé. Je n'ai pas su préserver ma chère mère de cet atroce tableau. Je me suis senti longtemps vivant mais minable, appartenant à une lignée honteuse de coupables. J'ai finalement traversé les cinq années d'adolescence qui me restaient avec un casque sur les oreilles qui diffusait du metal. Aussi bruyant que possible, me rendant sourd aux hurlements silencieux de mes proches. La vie est passée, morose, trouillarde et sans entrain.

Plus tard, des petits-enfants sont nés chez mon frère aîné, le bienheureux, celui qui n'était pas là le fameux jour puisque, joli cœur, il jouait de la guitare sur la place du village pour emballer les filles. Il n'a rien vu et a rejoint très vite l'internat de son lycée. Il fait cependant partie des dommages collatéraux puisque le gène de la peur s'est transmis aux générations suivantes. Mes neveux ont toujours les adultes sur le dos, leur interdisant de courir, de grimper, de sauter ou juste de s'éloigner. Alors, on reste là, tièdes, les ailes coupées, frustrés dans les jupes des mères qui recadrent toute tentative d'évasion par des regards réprobateurs. On exige des plus jeunes de rester en vie et on évince le spectre de la mort faucheuse à coups inhibiteurs d'interdictions et de normes de sécurité. On veille, jamais on ne dort vraiment.

J'ai grandi ainsi, « à l'étouffée » dans une famille névrosée, effrayée de tout, incapable de s'inventer des rêves ou même une simple raison d'être.

J'ai ignoré jusque tard l'existence du métier que j'exerce aujourd'hui. Toujours, les yeux s'écarquillent lorsque je prononce « thanatopracteur » et enfin je ne suis plus ni transparent, ni ordinaire. Je restaure les corps afin de donner aux proches une image adoucie et sereine du défunt. Un portrait soutenable, reconnaissable qu'ils pourront fixer et se projeter au cours des années qui suivront. Le plus souvent, la mort est si laide qu'elle retire toute dignité, déforme les corps et les traits des visages. J'envoie de la poudre aux yeux et épargne aux mères la violence que dessine la mort sur le visage de leur enfant. Une extrême compassion m'envahit et je crois entrevoir ce qu'elles endurent. Je désire rendre au défunt sa belle image, être digne de la confiance que les familles m'accordent malgré elles.

J'offre en cadeau la dernière image.

Mes mains sont mes précieux outils et mes alliées dans la tourmente. Toujours impeccables, elles sont ma seule beauté, longues, fines, délicates et manucurées. Elles lavent, recousent, réparent, rafistolent, massent, habillent, maquillent et, bien souvent, consolent. Mes mains pansent l'inacceptable. Elles s'animent chaque matin avec le goût du travail bien fait. Elles s'endorment chaque soir avec le sentiment gratifiant du travail accompli. Lorsque j'entre dans la salle des soins, je fais le vide, je me déconnecte et mes mains attaquent de sang-froid. Le lexique glaçant est égal à celui des meilleurs polars : blanc, bistouri, aiguille, sang, faïence, plastique, chair ou métal. Le bruit sourd des machines et des ustensiles qui s'animent crève le silence. J'écoute rarement de la musique ou en fond sonore seulement, préférant palabrer avec mes cadavres. Le bracelet d'identification que l'enfant porte à la cheville me renseigne et me permet d'engager plus aisément la conversation.

Je l'appelle donc par son prénom le temps du soin, lui explique toutes les actions que je mène au fur et à mesure qu'elles se présentent et les justifie. Je procède prudemment, étape par étape. Ce petit brin de causette ressemble fort à un monologue mais qu'importe.

Il me faut du cran pour attaquer car le délicat corps de l'enfant réclame une certaine adresse. Machinalement, les étapes s'enchaînent d'elles-mêmes : drainage, injection, fermeture, habillage... La mort cloue l'enfant, les parents porteront la croix.

Lorsque je répare un corps d'enfant, c'est un peu mon frère que je panse. Lorsque je farde de poudre rouge les joues sans vie de cette petite fille, c'est un peu ma mère que je colore. Je prends ma revanche sur la mort en donnant un semblant de vie envolée. J'efface, en artiste heureux, les lividités choquantes qui se sont invitées et qui lézardent le jeune visage. Sans être excessif bien entendu, la couleur fait passer une once de vie au portrait, un semblant d'artifice et de magie. Je masse du bout des doigts ces destins fauchés, leurs mains, leurs oreilles, leur visage, estompant ainsi les pâleurs cadavériques.

Quel fou faut-il être pour travailler ici ?

Certains corps arrivent si abîmés par les traitements ou les blessures qu'ils donnent envie de se mettre au travail sur-le-champ.

Ce fut le cas de Rose. J'étais arrivé tard au travail, en début d'après-midi. Mariam, ma collègue, m'avait prévenu dès mon entrée dans le service en évoquant l'arrivée du corps d'une petite, de confession catholique. J'ai compris en la voyant que la tâche serait plus ardue en raison des mois de traitements infligés et je devinais que l'enfant avait été ravissante. Un corps fatigué, une peau friable, marquée et diaphane comme du papier à cigarette mais elle restait gracieuse. Je cherchais, balayant la pièce du regard, un sac avec des effets personnels qui aurait été déposé par la famille. Je découvris sur une tablette, dans un sac de toile de toutes les couleurs, une robe brodée blanche, fraîchement lavée et repassée. La robe libérait une odeur de jasmin qui me rappelait les couronnes de fleurs portées par des femmes rencontrées au cours de mes plus beaux voyages. Elle n'était donc pas neuve et avait été portée. Était-elle celle du jour de son baptême ou celle d'une grande sœur qui aura eu la chance de grandir ? Cette tenue était magnifique et Rose au cœur pur paraîtrait plus fragile encore dans cet habit du dimanche. Le gilet de fil de coton et les collants blancs m'évitaient de maquiller les bras comme les jambes et me permettraient de me concentrer sur son visage. J'ajoutais de mon initiative un bonnet blanc pour couvrir sa tête nue, vierge de tout cheveu, car je sais que les parents ont toujours peur que leur enfant ait froid dans sa dernière demeure. Je regrettais de ne pas avoir trouvé un jouet ou un petit doudou fétiche au fond du paquet, un détail, une touche finale qui aurait signé mon travail. J'avançais les soins avec précision dans un respect infini, oubliant le temps. L'avant-après était saisissant, une vague de fierté m'envahit. Mon métier me sauve.

La petite Rose était adorable, bien plus que simplement présentable. Elle était belle, ses parents pourraient la recevoir et garder d'elle ce souvenir précis. J'étais lessivé et me préparais à sortir marcher pour prendre l'air juste avant de rentrer chez moi. J'espérais rencontrer les parents le lendemain et ne voulais surtout pas les manquer.

C'est un sentiment ambigu: j'appréhende toujours les entrevues avec les mères mais je ressens pour autant une immense frustration lorsque je ne les rencontre pas.

Ce matin, au moment où je prends mon service, un tout jeune couple passe la porte. Je fais facilement le rapprochement physique avec Rose qui est le portrait du père puis comprends qu'il s'agit de leur premier enfant. À leur façon de raser les murs, on pourrait croire qu'ils préparent un mauvais coup. Ils marchent sur la pointe des pieds tout en chuchotant comme si l'on pouvait réveiller les morts. Je m'élance, trop enthousiaste, à leur rencontre et les surprends.

Ils sursautent, ahuris. Deux paires d'yeux immenses et hypnotiques se fixent sur moi. J'évite de trop penser à cette entrée en matière catastrophique et me présente rapidement. Afin de garder ma fragile contenance, je tourne les talons et les invite à me suivre. Je me concentre sur le bruit de nos semelles qui claquent sur le carrelage puis les fais asseoir dans le petit bureau moche du fond afin d'échanger quelques mots avant le tête-à-tête avec leur fille. Ils ont les mêmes reflets de cire que leur petite à son arrivée.

L'instant est solennel, pesant, lugubre. Ils sont touchants, ce sont encore de grands adolescents, certainement la vingtaine tout juste passée. Ils se tiennent la main et leurs regards fuyants se posent sur leurs chaussures. Je m'exprime lentement par phrases courtes car je ne souhaite pas les perdre dans d'interminables discours prémâchés. J'explique simplement que je me suis occupé de leur enfant hier après-midi, qu'elle est prête et qu'elle les attend, qu'ils pourront la voir le temps qu'ils désirent et ce chaque jour aux heures d'ouverture, de neuf heures à seize heures. Ils sont les bienvenus et toute l'équipe se tient entièrement à leur disposition. Sans plus attendre, je demande s'ils ont des doutes, des questions puis j'annonce que je vais chercher Rose et les prie de patienter quelques instants. Un « merci » de la voix cassée du père vient se coller aux murs. Je croise pour la première fois ses yeux bleu délavé. Je me dérobe, les laissant seuls dans le bureau.

C'est une plume que je dépose délicatement dans la panière en osier tressé. Un ange dans sa robe blanche qui est, je le comprends maintenant, bien évidemment celle de son baptême.

Un dernier regard, puisqu'il est encore temps de rectifier un détail qui m'aurait échappé. « Rose, tu es prête, je peux à présent t'offrir à tes parents. » Les petites roues de bois du berceau l'emmènent en silence jusqu'à la salle des rencontres. De l'autre bout du couloir, je fais signe aux parents impatients de s'avancer. La mère tient, dans ses mains jointes, le doudou de couleur qui manquait à l'enfant.

Ils pénètrent dans un autre monde et moi, je m'éclipse. Mon travail s'achève à l'instant où je referme les deux portes qui coulissent derrière eux.

LA MÈRE ET L'ENFANT DES GLACES

Plus rien de la souffrance du monde ne nous touche.

Les bobos de la voisine dépressive ? La fusillade hier soir aux États-Unis ? Le massacre des Tutsis ? Le réchauffement climatique ? Un tsunami meurtrier aux Philippines ? Nous nous en moquons, totalement. Hermétiques.

Cette première nuit, nous sommes restés étendus à écouter à tour de rôle nos sanglots étouffés. J'aurais dû me lover dans le dos de Gilles pour avoir chaud ou moins mal.

Comme deux automates après une nuit blanche, nous remontons l'impasse en lisant son nom... de « l'Enfant Jésus », il fallait oser ! C'est un plutôt joli nom pour une satanée voie sans issue.

Nous n'avons pas cherché longtemps la chambre mortuaire dans les couloirs de l'hôpital puisqu'elle se trouve à la sortie, au rez-de-chaussée du bâtiment Pasteur, porte 4. J'ai le pénible sentiment d'entrer par une porte dérobée, loin des allées principales. Quelle torture d'être de nouveau dans cet hôpital. Nous glissons prudemment dès l'ouverture dans le service mortuaire et, sans que nous ayons le temps de nous présenter à l'accueil, un homme trop dynamique nous aborde. Un certain Jean-François. Qui est-il ? Que nous veut-il ? Je n'ai aucune envie de discuter avec ce type, aussi aimable soit-il. Je crains qu'il ne nous fasse perdre notre temps, il est sur notre chemin et ce n'est pas lui que nous venons voir.

Je l'écoute malgré moi d'une oreille distraite, il se veut bienveillant et rassurant. Mais nous rassurer de quoi finalement ? Nous n'avons plus rien à perdre, plus rien ne peut nous arriver. L'apocalypse a déjà eu lieu.

Il nous conduit et nous fait asseoir dans un bureau monacal blanc sale où je me sens à l'étroit. On nous ballotte d'heure en heure, de jour en jour, nous faisant passer de l'immuno aux soins intensifs, puis à la réa, maintenant à la salle mortuaire... et dans quelques jours au cimetière. Chaque jour apporte son lot de peines.

Il entre dans le vif du sujet et nous confie qu'il s'est chargé de la reconstruction corporelle de Rose. Comment a-t-il deviné que nous sommes ses parents ? Nous ne nous sommes pas présentés mais il l'a lu sur nos visages, un air de famille peut-être. Soudain, il m'intéresse et je fais l'effort de l'écouter. Depuis l'annonce de la fin de la guerre, depuis la vague, chaque son est atténué comme si j'avais reçu en pleine tête une forte déflagration. Pour ne rien arranger, je traîne un sérieux mal de crâne. Malgré tout, je comprends que le corps de Rose a reçu une attention particulière visant à édulcorer les marques des rudes traitements de ces derniers mois. Il ajoute dans un presque sourire qu'il a travaillé avec son cœur et qu'il est heureux de faire notre connaissance. Nous moins, évidemment. Je garde cette pique pour moi. Je ne trouve rien à répondre et Gilles s'étrangle d'un « merci » presque inaudible.

Il me plaît, tout compte fait, ce Jean-François avec son élégance quasi féminine et j'ai aimé sa manière délicate de prononcer « Rose ». Ce sont ses belles mains qui ont dorloté ma fille et non les miennes, ce qui fait de nous des amis.

Il y a quelques heures encore, je caressais, soignais, changeais, lavais, berçais son petit corps encore chaud et vivant. L'étape suivante m'avait été insurmontable. Une pointe de jalousie m'envahit une seconde seulement car au fond je me sais incapable de faire cette ultime préparation. Mais oui, j'aurais aimé pouvoir. Avec Gilles.

C'est le moment, il se lève précautionneusement et nous abandonne. La pièce se veut la plus neutre possible. Sans couleur, sans affiche, sans magazine, sans musique, sans rien. Nous choisissons sans nous consulter de patienter debout contre le mur froid du couloir.

Je regarde Gilles à la dérobée, nous n'avons encore échangé aucun mot ni aucun regard. Sa tête lourde forme un angle droit, brisée comme celle du pendu. Je lui chuchote un « ça va ? » peu convaincu auquel il répond par un marmonnement aimable. Il est muré. Il est je ne sais où. Nous sommes ensemble mais dans deux mondes parallèles, ici mais ailleurs. Ensemble et seuls dans un huis clos de souffrances.

Des stupidités me traversent la tête : à une autre époque, lors d'accouchements difficiles, on demandait au père qui devait être sauvé, la mère ou l'enfant ? Qui Gilles aurait-il choisi ? Et si c'était Rose qu'il préférerait avoir près de lui à cet instant ? Nous nous sommes mariés par ce « oui », quelques mois auparavant, pour le meilleur comme pour le pire. Il est dit : « Pour nous aimer fidèlement dans le bonheur et dans les épreuves, et nous soutenir l'un l'autre, tout au long de notre vie. » Nous sommes servis, une folie de plus.

Nous sommes seuls à la morgue ce matin. C'est un lieu sans odeur. Non, pas exactement car il flotte une odeur de synthèse indéfinissable. Peut-être sommes-nous les seuls parents d'une petite morte ce matin, ou peut-être que tout s'orchestre parfaitement de manière que jamais les douleurs ne se croisent car, cumulées, elles se décupleraient et deviendraient ingérables. Ce doit être ainsi car la fonctionnaire toquée d'hier, l'expert-comptable en petits morts, semblait dire que c'était une journée chargée. Jean-François, que j'appelle par son prénom puisqu'il est devenu en quelques minutes un intime de la famille, passe une tête et nous invite à le rejoindre.

Nous plongeons en apnée dans une pièce feutrée aux lumières tamisées. Rose est là, au centre, blanche dans sa robe de lin que ma sœur a choisie et préparée pour elle. On pourrait se méprendre mais ce n'est pas la robe portée le jour de son baptême puisque celle dans laquelle elle a été baptisée est une tenue de famille qui continue de passer de cousin en cousin.

D'une beauté saisissante, elle rayonne dans la pénombre, elle semble produire elle-même sa propre lumière.

Dans notre dos, le roulement discret des portes se fait entendre. Nous sommes de nouveau tous les trois, seuls hors du temps et du monde. Notre famille est réunie, tout se suspend, immobile dans cette pièce sous vide.

Nos gestes sont lents, ils se font légers pour ne pas déranger l'autre.

Elle semble dormir, sereine et drapée de silence.

Je remarque le bonnet blanc sur sa tête que j'avais oublié de glisser dans ses affaires et remercie intérieurement Jean-François d'y avoir pensé. Sans, j'aurais eu peur qu'elle ait froid.

Rose porte bien son nom, elle est toute rose, plus rose que jamais. Joliment maquillée, sans excès. L'image naturelle revigorée d'une belle petite fille, fraîche et pleine de santé. Celle qui me plaît, que j'aime et que je veux garder de son repos. Je remercie intérieurement cet homme pour la seconde fois et dans un élan, je me penche sur le petit visage.

Et si elle se réveillait ? Pourquoi pas après tout, comme dans les contes. Un baiser et notre Belle au bois dormant reviendrait à la vie. On oublierait et tout redeviendrait comme avant. Mais je retiens ce baiser car ce ne serait pas celui du soir sur son front chaud perlé de sueur. Je ressens le froid qui se dégage de son corps et qui m'atteint sans même y avoir déposé mes lèvres. Ce froid s'envole comme une brise et vient se coller de son visage au mien, je le ressens dans tout mon être.

Juste une main posée sur la robe blanche me suffit pour sentir la rigidité de ma Rose irrémédiablement immobile.

Aucun souffle tiède n'anime ses poumons et ses lèvres restent cousues dans le silence.

Le cœur muet ne bat plus la mesure. Les plus grandes douleurs sont muettes. Gilles est silencieux.

Combien d'enfants a-t-on couchés dans ce berceau ? Combien d'autres après toi, Rose, reposeront dans ces dentelles ? Cette pensée me donne un haut-le-cœur, partagée entre l'idée de fuir ce cagibi à la moquette épaisse et celle de profiter de ces derniers instants avec Rose pour lui raconter des histoires. M'installer à son chevet et lui parler, lui parler encore jusqu'à la fermeture. La fermeture ? Les mots de Jean-François résonnent de nouveau « … aux heures d'ouverture de neuf heures à seize heures ». Mais oui, il va falloir que je la laisse ici encore cette nuit. Je lui demande pardon en silence.

Cette nuit, en dehors des fameuses heures d'ouverture, elle sera dans son tiroir, dans le noir, avec d'autres petits morts comme voisins. Je chasse cette image qui revient comme un boomerang. Ma fille n'est plus mienne, je dois la laisser repartir dans le froid et c'est insupportable.

La douce sérénité de Rose contraste avec notre allure d'épouvantails effroyables. Loin d'être réconfortés, nous répondons sans le vouloir avec fébrilité à son sommeil apaisé.

Ses paupières de dormeuse semblent insuffler de la lumière.

Je n'oublierai jamais, le silence, la lumière.

8e partie

LA VIEILLE TANTE, DES PASTILLES VERTES CONTRE LA TOUX

Je suis arrivée très en avance dans ce village ennuyeux de la morne banlieue parisienne. Dans cette cité-dortoir, seule l'église plantée sur la place sauve *in extremis* le décor. Francis, mon chauffeur de taxi habituel, m'a déposée sur le seuil du petit café du rond-point qui par chance était ouvert. Il m'attendra le temps qu'il faudra et le compteur tournera. Je ne m'en soucie guère.

La clochette de la porte tinte et le patron me dévisage, l'air suspicieux, un sourcil circonflexe levé. Je lis sur sa face qu'il me prend pour une vieille bique. Je dénote très certainement avec mon air d'aristocrate dont j'espère bien ne pas avoir l'arrogance. Engoncée dans mon tailleur vieillot avec un chignon sévère poivre et sel sur la nuque, je prends place dans le fond le long du mur, sous le miroir. La banquette de skaï bordeaux s'électrise et se colle à ma jupe en laine bouillie, ils ne sont pas faits pour se rencontrer, ces deux-là. Si j'avais eu quarante ans de moins, je me serais affalée et enfoncée dans la mousse de la banquette sans me soucier de ma tenue. Depuis des mois, vieillir est mon activité principale et elle prend tout mon temps. Je m'espionne, me surprends à parler toute seule. Mon arrière-petite-fille m'a demandé hier pourquoi je ne retombais pas amoureuse. Quelle drôle d'idée ! Je lui ai répondu que j'étais irrémédiablement passée de mode pour que quiconque s'intéresse à ma vieille carcasse. Je me suis sentie rougir comme une débutante au bal, je reste fleur bleue tout de même. Je lutte pour ne pas perdre pied dans ces temps qui ne sont plus les miens.

Une serveuse mollassonne s'approche, indifférente, pour prendre ma commande : un éternel et réconfortant cappuccino. Il n'y a pas de cannelle bien entendu. Elle traîne sur le carrelage des chaussures hybrides entre la ballerine et la charentaise. Je suis des yeux cette paire de chaussures prodigieuses, qu'il me faudrait absolument, se diriger sans folie vers le comptoir. J'ai envie de tirer sur les deux joues de cette jeune femme pour lui décrocher un sourire, même forcé.

En fond sonore sur l'écran au-dessus de la porte, TF1 fait défiler de superbes paysages de l'Aubrac dans un reportage sur la récolte des châtaignes.

Ah... l'Aubrac! Jules et moi, nous nous y étions retirés en 1989 pour tenter de nous réparer après le décès de Lucile, notre aînée. Nous avions hiberné au cœur du territoire, marchant jusqu'à l'épuisement sans pour autant trouver le vrai repos. Nous avions loué une modeste grange avec un petit poêle et nous parcourions muets les sentiers balisés d'herbes hautes et de rochers gris à longueur de journées. À part notre peine, nous n'étions dérangés par rien, les téléphones portables n'intoxiquaient pas encore nos silences. Nous avons vécu en paix de longs mois dans la grâce du dénuement et de l'austérité avec des troupeaux comme unique compagnie.

Puis, un dimanche de printemps, nous sommes rentrés à Paris, retrouver nos enfants tous dans leur vie d'adultes et suivre la procédure judiciaire qui s'ouvrait.

Lucile était vive et belle. Elle venait de clore son internat en psychiatrie et suivait consciencieusement ses tout premiers patients. Un certain Nicolas, qui semblait pourtant inoffensif, s'était épris d'elle plus que de raison. C'était une situation on ne peut plus commune, dont personne ne s'était réellement inquiété, elle moins que quiconque. Instable oui, me disait-elle, mais pas méchant. Éconduit à plusieurs reprises, il a perdu le peu de tête qui lui restait et l'a suivie un soir jusqu'au hall de son immeuble de la rue du Commerce. Humilié par le baiser que Lucile lui refusait, cet homme l'a étranglée dans la cage d'escalier puis ne s'est plus souvenu de rien. Il a expliqué au tribunal que jamais il n'avait voulu lui faire de mal tant il l'aimait et qu'un simple baiser n'était pas si grave.

De l'amour peuvent naître les choses les plus belles comme les plus abjectes. Par la suite, il a été jugé irresponsable de ses actes et n'a jamais payé son ignoble crime. Gavé de pilules arc-en-ciel, il moisit depuis dans une clinique sous haute surveillance, d'où il ne sortira probablement jamais.

Il y a eu un article dans la rubrique des faits divers de la presse locale, sous la plume vulgaire d'un journaliste peu scrupuleux qui ne savait rien de Lucile et qui cherchait du sensationnel. Cet imbécile a évidemment omis d'écrire l'essentiel : sa gentillesse et sa spontanéité. Lorsque j'ai rencontré ce raconteur d'histoires pour aborder la nullité de son papier, il a baissé des yeux faussement contrits d'adolescent pris en flagrant délit. Je lui ai interdit de brouillonner une fois de plus sur notre Lucile. Sans même chercher à se justifier, il m'a mise à la porte du journal avec de mauvaises manières.

Ce malotru ne l'emportera pas au paradis.

Une marche blanche avait été organisée par la faculté de médecine où tous ses amis étaient venus la pleurer en silence. C'était beau.

Jules est allé reconnaître seul le corps, moi je n'ai pas pu. Il est rentré différent et lointain, une ombre nouvelle accrochée dans ses yeux pour les quarante années suivantes. C'est le jour où nous nous sommes perdus.

Nous nous sommes mariés jeunes et nous n'avions d'autre ambition que d'avoir des enfants. Beaucoup, ce qui fut aisé tant je les portais naturellement. Par la suite, je me suis dédiée pleinement à leur éducation et en particulier à celle de Lucile.

Elle avait ce que l'on appelle de nos jours des troubles de l'apprentissage mais rien n'existait à l'époque pour nous éclairer et simplifier notre quotidien. Nous avons tout inventé. Elle était fragile et émotive autant que volontaire, consciente de ses différences. Nous l'avons protégée, poussée afin de la faire grandir du mieux que nous pouvions, avec patience et amour.

De cours de piano en fêtes d'anniversaire, de récitals en crise d'ado, de peines de cœur en camps d'été de kayak. Les coupes, les médailles, les bons points, les heures de colle, les spectacles de fin d'année, les bulletins franchement mauvais, les portes qui claquent, les pardons en pleurs, les câlins au coin du feu, les « tu-ne-comprends-rien », nous avons tout passé, toujours ensemble. Nous avions gagné, Lucile pouvait voler de ses propres ailes, nous étions fiers du chemin parcouru.

Un fou en a décidé autrement.

Je n'ai rien retrouvé des dessins d'enfant ou des petits cadeaux de la Fête des mères qu'elle nous avait faits. Rien, même pas un poème, ce qui m'a longtemps torturée. J'ai peut-être tout jeté au cours d'un déménagement ou tout perdu dans l'incendie de la rue Mademoiselle. Je ne sais plus, c'est mon grand regret. J'aimerais tant feuilleter, de temps à autre, un cahier de poésie ou relire une lettre maladroite pour la Petite Souris.

À notre retour de l'Aubrac, Jules et moi n'étions plus seuls, nous partagions chacun nos vies avec un nouvel ami de lutte. L'alcool pour Jules, le somnifère pour moi. J'ai laissé faire, Jules avait l'alcool heureux et optimiste, et moi le sommeil lourd et réparateur. Nous avons vieilli ainsi à quatre. Nous nous sommes aimés jusqu'à la fin.

Moi qui avais toujours eu si peur d'être ennuyeuse avec ma petite vie bourgeoise de mère au foyer, j'étais devenue, avec la disparition de Lucile, le centre des attentions et des commérages. Le problème des gens, même bien intentionnés, est qu'ils ne savent pas quoi faire du malheur des autres. J'inspirais le pire sentiment : la pitié. Ils me regardaient les yeux humides et la tête penchée sur le côté comme un petit animal à la patte brisée. C'était insupportable.

Je suis donc partie en croisade, surinvestie dans une association de parents en deuil où je me suis sentie profondément utile. J'étais légitime et prenais chaque jour plus de responsabilités. Puis, je me suis levée un matin et mon désir de sauver le monde s'était envolé. Je soufflais enfin, j'ai donc pris ma retraite, loin de tous ces disparus.

J'ai reçu, il y a plus de vingt ans, de la mère de ce Nicolas une lettre aussi poignante que misérable à laquelle nous n'avons jamais daigné répondre. Elle y expliquait que ce Nicolas était son unique fils, un garçon doux et aimant qui avait toujours eu bon fond. Elle savait que jamais nous ne lui accorderions notre pardon mais elle le demandait quand même. Elle expliquait qu'elle souffrait pour nous et avec nous, qu'elle priait pour nous, qu'elle nous souhaitait du repos et beaucoup d'amour auprès de nos plus jeunes enfants. Que « son Nicolas » était mort en même temps que notre chère Lucile. Jules m'avait interdit expressément de donner suite, nous n'avions rien à recevoir de ces gens-là et moins encore leur compassion.

« Qu'il soit maudit pour l'éternité, cet enfant de salauds », avait-il hurlé en faisant trembler les murs. Oui, qu'il brûle en enfer.

Mais je n'ai jamais oublié cette pauvre femme et je pense souvent à elle. En tant que mère d'assassin, elle a vraiment le mauvais rôle. Je la revois à l'audience, une petite chose ramassée et anguleuse, portant sur son dos le poids de toute la misère du monde. Au fond, nous n'étions pas si différentes. Certainement, ses nuits coupables d'avoir engendré un meurtrier doivent être plus noires encore que les miennes.

Les deux mains crispées sur la tasse chaude, des idées noires m'aspirent : moi, la vieille dame si lasse, j'attends dans un café que la cérémonie d'enterrement d'une petite fille commence. C'est indécent, je suis mal à l'aise, ce n'est pas dans l'ordre des choses. D'autant plus que je suis fatiguée de ma vie et que j'accepterais volontiers un petit coup de pouce pour l'abréger. Je peux partir en paix, je ne suis pas sûre d'avoir été entendue mais j'ai au moins dit tout ce que j'avais à dire. Je me crois et m'espère chaque jour au bout de ma vie, et puis non, le jour se lève immuable pour moi, une autre fois. J'ai hâte de rejoindre ma Lucile et Jules, je suis prête.

La porte s'ouvre, cette fois-ci c'est moi qui détaille le jeune homme fébrile qui entre. Il m'arrache à mes sinistres pensées un instant. Distrait, il salue d'un seul geste flou les quelques clients fantômes du café. Évidemment, personne ne répond. Il s'assoit au comptoir et commande un double whisky-coca qu'il descend d'un trait. Quelle idée ! De si bonne heure ! Puis commande un second. Ah oui ? Ce doit être un habitué, il règle et ressort aussitôt dans un courant d'air.

Je remarque seulement maintenant la dame assise dans l'angle, deux tables plus loin. Elle profite que nos regards se croisent pour m'aborder et me pose à voix basse la question directe qui lui brûle les lèvres : « Vous êtes là pour la petite Rose ?

– Oui, je suis là pour elle. Je suis la grand-tante du papa. Quelle tristesse ! » Elle m'explique dans un souffle qu'elle est assistante maternelle dans la crèche de la commune et qu'elle s'est occupée de la petite les premiers mois de sa vie. Je vois qu'elle a envie, pour se décharger, de m'en dire plus mais sa vue se brouille, sa voix chevrote puis elle se tait.

La seconde suivante, une quinte de toux incontrôlable lui déchire la poitrine et l'empêche de reprendre son souffle. Je lui offre les pastilles vertes apaisantes pour la gorge que j'ai toujours dans la pochette de mon sac à main avec une photo de Lucile sur le voilier à Belle-Île. Sur ma boîte de bonbons, il y a écrit « sans sucre », mais que peuvent-ils bien mettre dedans ? À chaque fois que j'ouvre mon sac à main, des effluves d'eau fraîche de chèvrefeuille, autrefois renversée à l'intérieur, envahissent l'espace.

Une fois calmée, la jeune femme se retranche de nouveau, fixant sa tasse de porcelaine épaisse. Je me recentre sur mon cappuccino qui n'est même pas bon, mais il me réchauffe et me console un peu avec son petit biscuit à grignoter.

C'est l'heure, mon portable affiche 10:50. Je viens d'un temps où l'on remontait les horloges chaque semaine avec une petite manivelle, aujourd'hui l'heure tombe du ciel. Rien ne presse, ce n'est pas comme si j'avais besoin d'être bien placée au théâtre.

Je vérifie ma coiffure dans le miroir derrière moi et me glisse hors du bistrot, la jeune femme de la crèche aux yeux rougis sur mes talons.

Au-dessus de nos têtes, un ciel laiteux dont il est difficile de percer les intentions.

Sans un mot, nous traversons la place vers l'église et, sans nous arrêter sur le parvis où quelques jeunes se réchauffent en fumant des cigarettes, nous passons le porche. Je choisis le bas-côté droit lorsque ma boîte de pastilles part à gauche dans un même mouvement contradictoire. Je me cache derrière un pilier.

L'église est pleine et immobile dans un silence foudroyant, le plus retentissant que j'aie entendu.

Rien n'est plus glaçant qu'une foule muette. Ce silence ne me dit rien qui vaille.

J'aperçois dans la même travée quelques têtes familières mais je fais mine de ne pas les avoir reconnues pour ne pas avoir à les saluer. C'est le privilège des personnes âgées, elles n'ont plus besoin de se forcer et se moquent de passer pour séniles. Aux vieilles radoteuses, on pardonne presque tout, même l'impolitesse.

Enfin de la musique s'élève et c'est puissant. J'ai la chair de poule.

Ciel, le jeune homme au quadruple whisky-coca est agenouillé dans le chœur, une immense croix brodée d'or sur sa chasuble. Déjà en prière, il est le prêtre qui officiera et entrera en scène dans quelques instants. Je comprends mieux maintenant, ce pauvre homme avait besoin d'un vrai remontant pour se donner du courage.

Déjà, les parents de Rose remontent la nef pour rejoindre les premiers bancs. Deux silhouettes douloureuses sur lesquelles tous les regards s'appuient si fort au point de les faire vaciller.

J'ai un doute, est-ce vraiment la mère de Rose ?

Dans son tailleur printanier rouge en plein hiver, c'est une autre femme, une mère de douleur rongée par ce mal incurable que seuls ceux qui l'ont vécu comprennent. Une peine que tu ne souhaites pas même à ton pire ennemi. Il y a quelques mois, c'étaient deux enfants que l'on mariait en blanc, ils sont méconnaissables.

Dans un bras du transept, tout près de la chorale, ils prennent place humblement sous le regard bienveillant de la Madone aux mains ouvertes. Le petit cercueil blanc est porté par deux colosses et déposé tout près d'eux sur deux tréteaux dans le chœur. Des fleurs blanches tombent en grappes. On aurait envie de se serrer contre eux et d'aller leur tenir chaud, leur dire qu'ils seront bientôt de nouveau debout, se réjouissant de la beauté du monde. Pour l'heure, tout part à vau-l'eau et je leur prédis des citrons chauds nocturnes au milieu d'insomnies dont on ne voit pas la fin. J'ai mal avec eux, pourtant je ne verse aucune larme, je suis sèche d'avoir trop pleuré.

Je n'ai rien suivi de la cérémonie, mais je reconnais avoir tendu distraitement l'oreille en entendant la voix rassurante du jeune prêtre pendant l'homélie.

J'ai admiré le courage dont a fait preuve la maman de Rose à la lecture de son mot d'adieu si émouvant. Je n'ai pas pu parler à l'enterrement de ma Lucile et c'est tant mieux car, repue de colère, j'aurais insulté la terre entière au micro jusqu'à plus soif. En commençant par le prêtre lui-même.

C'est peut-être difficile à croire mais je sors revigorée de cet enterrement où j'ai reçu une véritable grâce. Un quelque chose m'est tombé sur la tête et je suis en pleine forme. Je me sens décalée, je suis la seule dans l'assemblée à sourire véritablement et je tente de le cacher tant bien que mal. Je rayonne, je suis heureuse.

Vraiment. Merci petite Rose ou peut-être est-ce Lucile qui me fait un clin d'œil.

Je remercie le ciel joyeusement d'être vivante.

Comme je n'ai plus l'énergie d'un autre combat, je pars comme une voleuse sans même présenter à la famille mes condoléances. Je fuis et me dis qu'au lieu de griffonner trop vite un mot gauche sur le registre, j'écrirai bientôt ma compassion dans une belle lettre, lorsque les gentilles attentions quotidiennes auront fondu au soleil.

J'ai adoré ma vie bien qu'elle ne m'ait pas épargnée et qu'elle se soit donné tant de mal pour que je la haïsse. Je l'ai chérie malgré les griffures et ce chagrin qui me collent comme la teigne. Malgré tout, j'ai hérité de l'aptitude au bonheur de ceux qui ont besoin de peu et qui se contentent du chant des oiseaux le matin ou d'un rire d'enfant. Mes mains trahissent mon âge, elles sont pareilles à ma vie : parsemées de taches brunes. Je porte en moi tous les âges.

Il y a bien longtemps que j'aurais dû considérer l'idée. C'est décidé, je réponds dès ce soir à la mère de *cet enfant de salauds* que j'ai fini de haïr depuis que j'ai franchi les portes de cette église. Quelque chose de brûlant se prépare.

J'espère qu'elle est toujours de ce monde, pour lui dire que oui, je pardonne. Tout.

LA MÈRE, LA PERPÉTUITÉ

Toi, ma Rose, tu es morte de jeunesse.

Sur cette terre, en cet instant, nul n'aurait le droit de rire, de danser, d'être heureux. On voudrait avoir l'éternité avec ceux qu'on aime, que nos caveaux résonnent parce qu'ils sont vides.

Nous enterrons Rose dans quelques heures, le froid est tombé, hostile, et le ciel, en communion, est bas. Au moins, sous la neige, ça aurait été joli, lumineux. Chacun se serait rappelé le petit cercueil blanc sous les flocons et la sortie de messe éblouissante. Au lieu de cela, manteaux, âmes, teints, pleurent un gris sale sur ma vie fracassée. Je réprime une furieuse envie de tout faire exploser.

J'ai été réveillée par un cauchemar et, au milieu de la nuit, j'ai fui le lit, chassée par Gilles qui me donnait des coups dans son sommeil en se battant contre je ne sais quel démon. J'ai traversé l'appartement jusqu'au salon baigné de la lumière crue de la lune, j'ai écouté dans l'obscurité les bruits décuplés du voisin insomniaque du dessus et suivi chacun de ses déplacements d'une pièce à l'autre. Avalée par le fauteuil club, j'ai fixé le cuir lisse, les gouttes de lait du biberon imprégnées qui formaient des auréoles plus foncées. Elles sont ce qui me reste de nos réveils nocturnes, de nos longs tête-à-tête où nous apprenions, toi et moi, tout l'une de l'autre. Mes larmes tachent à leur tour l'accoudoir brun et s'infiltrent.

Sur le meuble en acajou de famille, le portrait de l'absente.

Nous avons toujours été trois, Rose était un bébé nuit de noces. Gilles fanfaronnait, mais il a levé trop tôt le poing de la victoire et j'ai cru au bonheur qu'il ne m'avait jamais promis.

Depuis l'annonce de la maladie de Rose, ses sourcils sont perpétuellement froncés comme s'il réfléchissait, préoccupé. Il intellectualise, il cherche des solutions. Gilles s'est intéressé au pourquoi du comment, à la complexité de la maladie, à des données scientifiques qui me dépassent. Il a bien tenté de m'expliquer le déficit de Rose en adénosine désaminase, le dysfonctionnement des lymphocytes T, B, ou NK, ou encore le traitement par la greffe de cellules souches hématopoïétiques. Techniquement, Gilles a su beaucoup plus vite qu'on était mal, très mal. Pendant que moi, à l'opposé, je souffrais et je souffre dans mon corps, dans ma chair. J'ai senti les soubresauts de Rose qui grandissait en moi, je l'ai mise au monde puis au sein et, dans cet inoubliable peau à peau, nous nous sommes rencontrées. Elle et moi.

Rien n'est mathématique dans cette histoire. Rien d'autre que des tripes et de l'instinct.

Je ne sais plus combien de temps je suis restée pétrifiée dans cette même position à fixer tour à tour les objets qui façonnent notre chez-nous, mais le petit jour a pointé comme un commencement sans Rose.

Ce matin, la chaise haute est vide.

La journée sera longue. Des mots gentils et maladroits vont fleurir le livre de condoléances. J'entends déjà les adorables « dites-nous si vous avez besoin de quoi que ce soit », « nous pensons à vous sans cesse », « elle était magnifique », « nous prions pour vous », « vous êtes admirables de courage », « votre petit ange veille sur vous », « nous sommes là, comptez sur nous », « vous avez fait tout ce que vous pouviez », « on se voit dès que vous le désirez », « vous êtes des parents formidables », « nous vous aimons ».

Ces petites phrases chaleureuses de nos proches impuissants qui voudraient nous bercer, nous apaiser alors que nos entrailles sont gelées, mordues par la mort.

Ils ne peuvent rien pour nous, il n'existe aucun baume, aucun antidote.

Nous n'avons jamais été seuls face à la maladie. Famille et amis s'organisaient pour nous rendre le quotidien presque vivable grâce à des visites surprises, des relais auprès de Rose ou encore des pâtisseries partagées sur un bout de table. Une place de parking dans l'enceinte de l'hôpital est même tombée du ciel tout comme un hébergement offert à deux pas de Necker. Je n'ai pas distribué suffisamment de mercis.

Il y a aussi les autres, mais ils ne comptent pas. Je l'avoue, j'ai déjà envie de sauter à la gorge de celui qui se prendra pour un expert en deuil et nous dira que le temps guérit et adoucit toutes les peines. La ferme ! J'ai encore besoin de souffrir.

À la première heure, nos répondeurs enregistraient des mots d'excuse ridicules des absents qui auraient mieux fait de nous préserver des « j'ai raté mon train », « j'ai une petite grippe mais rien de grave », « j'essaie d'être là ». Plus tard dans la journée, nous croiserons un crétin pas tout à fait ami qui nous fera le reproche de ne pas avoir donné suffisamment de nouvelles tout au long de la maladie de Rose. Nous lui décernerons la palme puis nous n'aurons plus de nouvelles.

Je suis lente, je dois me réapproprier le temps et l'espace, je sème mes idées entre la table de la cuisine et le réfrigérateur, entre la salle de bains et l'entrée. Il va falloir me désintoxiquer de tes grands yeux bleus faits pour dévorer le monde. J'ai le sentiment d'avoir cent ans ou d'avoir vécu trois vies.

Hélas, je vis la même.

La nuit ne m'a pas emportée. Ce serait tellement facile d'en finir, là, tout de suite. Je repousse l'envie de me laisser aller dans une mer noire et profonde, de prendre le volant d'une voiture rapide et puissante, de me pencher à la fenêtre ouverte sans balcon. Gilles balaye mes idées sombres, il m'attend dans la chambre, il est là, il me sauve. Grâce à lui, je vis. Nous sommes seuls, chacun retranché mais ensemble. Ses silences sont-ils une menace ? Et s'il partait en courant avec ce que j'ai de meilleur ? Qu'allons-nous faire de nos lendemains ? De la brûlure de nos réveils ?

Le ventre retourné, j'ouvre ma penderie. Que vais-je porter à la cérémonie ? J'avais totalement oublié ce détail. Je n'ai rien d'habillé pour la saison, que des gros pulls et des jeans. Il est trop tard pour courir acheter un ensemble ou même appeler une amie au secours. Je ne connais pas mes voisines et comment les aborder ? « Bonjour, j'enterre ma fille ce matin, auriez-vous un tailleur chic et chaud à me prêter ? C'est mieux s'il ne fait pas trop funèbre. On se voit à la fête des voisins. »

Je n'ai heureusement rien de noir et, pour l'élégance, c'est peine perdue. Peu importe, personne ne m'en voudra. Nous avons fait passer le mot, nous ne voulons pas dire adieu à Rose en noir. Je déterre du fond du placard un tailleur moche oublié en cotonnade rouge déniché dans un vide-grenier avant notre rencontre. Manches trois-quarts, je vais geler. Je suis soulagée de trouver dans un tiroir, ce qui relève de la magie, un collant fin couleur chair encore emballé. Je grimpe sur les escarpins toujours impeccables, portés une seule fois pour notre mariage.

J'appréhende la sortie, j'ai déjà froid dans le petit appartement surchauffé. Je m'observe dans le miroir en pied du couloir, je suis laide. Une silhouette transparente maigrichonne, des lèvres blanches et sèches sur un visage lacéré par la tristesse, deux nouveaux sillons sur un front soucieux, des cheveux platement anorexiques et des mains négligées.

Le tailleur me vieillit, je ressemble à une dévote endimanchée pour son mariage civil. Mon teint blafard est celui de celle qui a passé les derniers mois sous la lumière crue des néons de l'hôpital.

Les joues de Rose sont, elles, teintées et je décide de lui faire honneur en déposant un peu de rouge sur mes lèvres. Nous sommes faites toutes deux de la même illusion.

Le fameux grand sac jaune échoué dans l'entrée n'a pas bougé depuis le fameux jour. C'est un peu notre vie que l'on a mise dans un herbier et elle sèche. Bientôt, je trouverai la force d'offrir les vêtements de Rose qui auront été épargnés par le chlore. J'élirai une ou deux fillettes dignes de les porter afin qu'ils ne moisissent pas dans une boîte en carton comme des reliques. Les mères accepteront dans un demi-oui du bout des lèvres parce qu'il est impossible de refuser ce paquetage offert par une mère en miettes. Par un sourire gêné, elles remercieront mais dès le don fait, elles placeront le paquet embarrassant tout en haut d'une armoire au cas où il serait contagieux. Honteuses de leur attitude, elles s'en voudront de tant de superstition. Puis elles oublieront. Moi, non.

Je sors du sac jaune un body en coton de mon absente que je colle à ma peau pour les prochaines semaines.

Ces derniers jours ont été douloureux, il nous a fallu choisir les textes et nos lecteurs, les chants, la couleur des fleurs, le minuscule cercueil blanc avec le type de poignées. Nos proches ont contacté la Rolls-Royce des pompes funèbres dont les agents, habitués aux grands drames, ont appris à poser leur voix sucrée comme celle des présentatrices des années 1950. Nous nous moquions de tout, nous voulions être ailleurs, c'est tout.

Nous sortons dans le froid chercher Rose à la chambre funéraire, repus d'un petit déjeuner de fête fait de pain sec et d'un peu de beurre rance oublié. Nous fermons la porte, laissant la maison à ses fantômes et à son calme blanc.

Nous nous demandons ce que nous faisons là, s'il s'agit bien de nous, de notre vie, de notre histoire. C'est inhumain de monter avec elle dans ce corbillard. J'aimerais que ce minuscule cercueil dans notre dos soit une coquille vide, mais je te sais à l'intérieur, dans un lit douillet capitonné de satin blanc ; je ne te vois pas, je t'imagine. Le battant a été scellé par de longues vis.

Lorsque nous arrivons sur le parvis de notre église en pierres de taille, tout le monde est déjà là, à l'intérieur, patient. C'est vrai, les enterrements commencent toujours à l'heure.

En serrant les dents, nous remontons tous les deux la nef avec une dignité forcée et je sens les regards lourds de compassion se poser sur nos nuques. Ça aurait presque un faux air de baptême s'il ne manquait pas le bébé grassouillet, les sourires, les flashs et les enfants remuants.

Oui, où sont les enfants du même âge que notre fille ? Je n'en vois aucun. De quoi a-t-on voulu les préserver ? La mort qui fait pourtant partie de la vie est si honteuse qu'on la cache pour en faire une histoire d'adultes. Cette réalité me blesse, j'aurais préféré une fête bruyante avec une foule venue applaudir Rose et son combat, plutôt qu'une assemblée pleurnicharde.

Tous font une tête d'enterrement et j'ai froid. Je fais semblant d'être là. Gilles est une ombre qui se détache du monde. On se frôle. Nous prenons place sous le regard compatissant de la Vierge que je boude, avec à la main un mot chiffonné préparé pour notre fille et que je lirai au pupitre dans quelques instants. Enfin peut-être, je ne sais pas encore si j'en serai capable mais j'essaierai de toutes mes forces. Je m'en voudrais si je n'y parvenais pas. Notre ami prêtre, qui t'a baptisée quelques mois plus tôt, est en prière dans le chœur. Ils seront deux à célébrer.

Raide sur notre banc de bois, je suis incapable de prier.

J'ai en ligne de mire l'agent des pompes funèbres. Je fixe mon attention sur ce pantin plutôt que sur le trop petit cercueil blanc laqué qui se tient au centre, très près de nous. Le fameux fou rire du croque-mort ne le guette pas, il prend son rôle trop au sérieux. Agaçant, il gesticule et exagère dans de grands mouvements la circulation dans les allées, comme si une foule en délire allait se mettre à hurler et envahir le chœur. Au contraire, chacun, discipliné, recueilli et silencieux, patiente. Nous sommes nombreux à pleurer Rose.

Les musiciens entonnent, c'est très beau. Ce sont des proches, nous ne savions pas qu'ils joueraient, c'est inattendu et heureux.

Entre ciel et terre, j'oublie la suite.

Ne me demandez pas si l'homélie était barbante, je n'en sais rien. Si j'ai lu mon mot d'adieu, je crois. Si les lectures étaient belles ? Peut-être.

Qui était à notre droite, à notre gauche, derrière nous ? Je n'en sais rien.

Si j'étais là ? Certainement pas.

Ma vie rêvée se tient là entre ces quatre planches. La mort m'est passée sur le corps, me brisant à des endroits que je ne me connaissais pas. J'ai déjà un doute sur l'ovale qui compose ton visage, tes traits, ton sourire, le son de ta voix. Moi qui pourtant te connais par cœur, pleine des heures passées à te regarder.

Je suis au-dessus mais un bout de moi est au fond du trou. Je suis piétinée au bord du fossé et toi, éteinte et seule en dessous. Sous terre, engloutie par cette immense plaie ouverte faite pour six personnes. On te dépose au fond à gauche, ce n'est pas ce que je veux mais je n'ose rien dire. Je te veux à la surface, près de l'air libre et du ciel bleu. D'où tu es, tu ne pourras pas entendre les oiseaux chanter. Je donnerais tout pour une dernière danse avec toi, te faire tourner et te lancer dans les airs.

Le ciel est toujours plus bas, qu'on en finisse avec ce gris déprimant. Aujourd'hui commence notre interminable convalescence.

Je vais sauter les deux pieds joints dans la fosse, accrocher des rubans et du papier de soie de couleur à ton lit d'éternité, allumer ta veilleuse papillon, peindre les murs de ciment de nos portraits rieurs et tapisser le sol de confettis.

Pour que tu ne t'ennuies pas, je vais jeter une poignée de feutres et de pastels et nous donner une seconde chance.

Tu n'auras pas peur, je te le promets.
Repose-toi mon enfant, tu l'as tant mérité.

Épilogue

Le pédiatre, un joli prénom
Paris, 2004, quatre mois après le décès de Rose.

Je pensais ne jamais revoir les parents de Rose. Ils ont passé la porte au panneau bleu qui indique « Département Immunologie, Infectiologie et Hématologie » et pris une nouvelle fois en pleine face les bruits, les odeurs, le tourbillon auxquels ils ont appartenu quelques mois auparavant. Un plongeon dans le grand bain après avoir bu bien plus que la tasse. Jamais les parents d'un enfant décédé ne reviennent sur leurs pas, eux font mentir la règle. Ils sont là devant moi, pas tout à fait semblables, pas tout à fait différents. Les parents de Rose sont fatigués, mais debout. Ensemble.

Je suis heureuse de les voir, sans comprendre vraiment ce qu'ils attendent de leur visite. Je suis petite devant eux, moi qui ne peux plus rien.

Chacun cherche ses mots et tente de rassembler ses idées tant l'émotion est palpable.

C'est pour moi qu'ils ont sauté le pas et m'ont apporté *Oscar et la Dame rose* d'Éric-Emmanuel Schmitt, que je n'ai pas encore lu. Ils m'expliquent qu'ils ont pensé à nous tous ici en lisant le roman. Les parents de Rose y ont inscrit, à la plume bleue sur la page de garde, un mot simple de remerciements que je garderai comme l'ultime récompense de mon travail.

Je lis entre les lignes qu'ils ont pardonné. Le sourire que la mère avait réprimé jusqu'à maintenant s'entend dans sa voix et je comprends qu'elle est aussi sincèrement heureuse de me revoir.

J'apprendrai bien plus tard qu'une petite fille aux yeux bridés venue d'un pays lointain portera mon prénom.

Le clown ne veut pas être l'auguste

Paris, un jour de mai 2009.

J'ai deux pieds gauches qui aiment toujours autant se prendre les pieds dans le tapis. À l'hôpital, j'oscille entre le rire et les larmes, au gré des rencontres et des départs.

Je distribue ma joie en confettis et pourrais faire ce métier cent ans !

L'infirmière, la folie des louves
Paris, Noël 2006.

Il est né, je suis mère. C'est si grand, si haut.

Je ne me savais pas capable d'aimer si fort.

Cet enfant devient le centre dont plus jamais je ne me détourne. Je m'oublie, toutes mes certitudes s'envolent, je nage entre fatigue et liesse.

Je dois être la première femme à vivre cela. Il me dévore. Il est mon tout. Notre appartement s'est transformé en crèche, nos week-ends en balades au parc et nos dîners en purée bio.

Nous étions si bien, lui et moi, collés l'un à l'autre, cachés dans notre cocon, que j'ai cru que reprendre le travail serait au-dessus de mes forces.

J'avais honte de la rencontre entre mon trop-plein de bonheur et la peine urticante des parents que je côtoie à l'hôpital. Pour la première fois, je peux envisager leur détresse, sans la comprendre vraiment bien entendu, mais la distance entre nous s'est réduite. Il y a quelques mois encore, je trouvais exagérés les regards assassins lorsque je réveillais un enfant au cours d'une visite puisque ce n'était rien et que, très vite, il se rendormirait. Je sais aujourd'hui que réveiller l'enfant qui dort est un sacrilège.

Mes tripes parlent et, dès que j'entre dans le service, les odeurs me tordent le ventre et me filent la chair de poule. Mais je comprends plus encore pourquoi je suis là. Je sais à présent d'où viennent l'essence du courage et la bravoure qui se distillent dans les veines de chaque mère.

Être mère fortifie les plus faibles, désinhibe les plus réservées, retient les plus libres et anime les plus fades.

Je sais d'où vient la folie des louves.

Je fais à mes petits patients ce que j'aimerais que l'on fasse à mon enfant.

Ils sont mes rois.

Aline contre Goliath

Vallée de Chevreuse, mars 2012.

La sève circule et nourrit à nouveau l'arbre de nos vies. L'avancée spectaculaire de la médecine et la thérapie génique ont sauvé notre enfant.

Adrien est entré à l'université et moi, j'ai repris le chemin de l'école.

C'est très étrange de se réveiller chaque matin, de chercher ce qui pourrait aller mal et de ne pas trouver parce que, oui, et c'est à peine croyable, tout va pour le mieux dans le meilleur des mondes.

La peau de vache, un jardin sur les toits
Paris, printemps 2005.

En remontant l'allée centrale qui mène à la cafétéria, j'ai croisé un brelan d'infirmières idiotes qui, la blouse ajustée et le gloussement facile, ont ri sur mon passage. Je sais bien que l'on se paie ma tête à longueur de journée et qu'on m'appelle méchamment la punaise. J'ai l'habitude de ces messes basses vexantes, mais ce serait trop facile de croire qu'elles ne me touchent pas, que je suis hermétique à l'antipathie que je suscite. Les gens m'évitent, dessinent des cercles autour de moi sans jamais passer par mon centre.

C'est vrai qu'elles sont drôlement jolies, ces jeunes femmes, et elles le savent.

L'aumônier, un coup de la Providence
Abidjan, été 2004.

Exsangue et déjà vieux, je suis le même homme de foi.

À ceci près que je porte en moi les stigmates de mes années vécues à Necker. Je suis entré violemment en résonance avec la souffrance du monde et me remets doucement, pas à pas, une fois encore grâce aux enfants. Je n'oublie pas.

Il y a quelques mois, j'étais plus que prêt à vivre au rythme d'un retraité et à rentrer embrasser ma terre natale. Je criais sur tous les toits : « Je ne veux que du vert ! » Je désirais ma campagne normande pour me rapprocher des miens et pouvoir me recueillir chaque jour sur la tombe de mes parents. Mais mon évêque a eu une fois encore une idée délirante en inventant, pour moi, une mission inouïe en Afrique.

Je confesse avoir pensé qu'il était toqué lorsqu'il m'a présenté le projet de construction d'une petite église avec les gamins d'un quartier défavorisé d'Abidjan. Au début, j'ai ri de bon cœur, puis moins lorsque j'ai compris qu'il était sérieux. J'étais bien trop âgé pour l'exotisme et totalement incapable de traîner ma carcasse sous le cagnard africain. J'ai refusé par trois fois ses plans, expliquant humblement que je n'avais pas le ressort pour cette nouvelle et trop grande aventure. C'était profondément vrai, je ne pouvais pas partir. J'ai espéré que mon évêque, bien plus jeune que moi, revoie sa position mais que nenni, me voilà en terre africaine. Je vais là où ce têtu d'Esprit Saint me pousse et il a la tête bien plus dure que moi.

Le travail a rendu mes mains rêches et douloureuses comme lorsque j'étais jeune garçon. Elles montent des murs et des fenêtres, elles badigeonnent d'ocre jaune et sculptent le tabernacle en bois précieux. Mon cœur bénit chaque étape de la construction car, très bientôt, mon église sera pleine de chants joyeux et de tambours. Et les enfants, toujours les enfants, m'accompagnent de leur joie. Leur bonne humeur et leur simplicité sont ma constante cure de jouvence. J'ai troqué des kilomètres d'herbes hautes pour un jardin qui n'est que rouge poussière où fleurissent pourtant d'incroyables flamboyants.

L'heure n'est pas au repos, merci mon Dieu.

Le thanatopracteur, de gentils esprits frappeurs
Paris, mars 2005.

La direction m'a proposé en début d'année de prendre du galon : la coordination du service. Un travail beaucoup plus administratif que j'ai refusé sans état d'âme. Bien que flatté, je préfère la compagnie de mes petits amis que celle des touches en plastique d'un ordinateur.

Tant que les vivants s'affaireront autour des morts et les voudront beaux, je serai là pour eux.

La vieille tante et le portrait
Paris, rue du Commerce, mai 2004.

Miracle, je suis toujours de ce monde.

Je suis sortie heureuse de la messe d'enterrement de Rose avec la conviction que mon heure n'était pas venue.

J'ai donc rencontré la mère de l'homme qui a ôté la vie de Lucile. Nous nous sommes retrouvées dans une brasserie bruyante de la rue du Commerce, à deux pas de l'endroit où vivait ma fille. Dès qu'elle m'a vue entrer, elle a souri, mais je n'ai pas répondu. Nous sommes restées dans un face-à-face hébété, puis elle a voulu tout m'expliquer. Comme si elle avait préparé son discours pendant toutes ces années, comme si elle avait gardé ses mots, attendu cet instant depuis toujours et qu'enfin le flot pouvait déborder. J'ai levé la main pour lui signifier que je ne voulais rien savoir, que c'était encore moi qui fixais les règles. Elle a baissé les yeux, dégluti pour ravaler sa frustration. En réponse, elle a sorti de sa besace une grande enveloppe kraft et m'a fait promettre de ne l'ouvrir qu'une fois chez moi. Elle avait dans le grain de sa voix quelque chose de désespérément sincère.

Puis nous avons déjeuné comme deux amies que nous ne serons jamais, parlant de la pluie et du beau temps, sans promettre de nous revoir un jour. Elle a réglé l'addition, je suis sortie sans me retourner.

Assise dans le fauteuil où j'ai allaité tous mes enfants, j'ai ouvert la mystérieuse enveloppe brune. J'ai sorti un grand portait au pastel de ma Lucile, foudroyant de ressemblance. Effrayant même. Tout y était fixé, parfaitement à sa place dans un savant équilibre. Elle était d'une beauté saisissante à vous faire oublier ce que vous alliez dire. Lucile aurait pu me parler si elle l'avait désiré tant elle paraissait vivante. Le portrait n'était pas signé mais le visage était encadré de formes ou de signes colorés parfaitement incompréhensibles, à mi-chemin entre l'écriture et le végétal. Dans ces bizarreries résidait la folie de Nicolas, ce quelque chose de torturé qui nous échappait et le classait du côté des déséquilibrés.

Je n'aurais pas su dire si j'appréciais le portrait tant il me dérangeait.

Mais c'était une évidence, Nicolas aimait Lucile.

J'ai replacé le portrait dans l'enveloppe pour mieux l'oublier. Je me suis sentie légère.

La mère, ce n'est pas un crime d'être heureux
Versailles, été 2004.

Si nous avions su que ce fameux Noël était ton dernier, nous aurions déplacé la Laponie à l'hôpital, fait naître le petit Jésus dans ta chambre, allumé l'étoile pour dévier la route des Rois mages afin qu'ils t'apportent myrrhe, or et encens.

Saurons-nous aimer de nouveau Noël si notre cadeau du ciel est au ciel ?

Le monde continue à tourner en t'oubliant et moi, je te survis sans cesser une seconde de penser à toi. Nous n'avions plus jamais le cœur à la fête. Autant l'avouer tout de suite, ton image dans le noir de ce caveau, seule et immobile dans notre bout de cimetière, me hante encore. Nous ne pouvons rien contre cette réalité envahissante qui rend si malheureux et qui refuse de nous laisser en paix.

Torturés dans notre chair, nous avons marché dans la nuit, longuement, péniblement, dans un monde où l'on ne veut rien savoir de la mort. Elle fait si peur, elle dérange et on préfère se tenir loin. Ton simple souvenir faisait tomber la nuit et plombait les conversations autour du poulet refroidi du dimanche midi. Par pudeur aussi, certains prononçaient ton prénom en rougissant ou en baissant les yeux.

Qu'avions-nous fait pour mériter cela ? Qu'avions-nous fait pour que notre famille soit éparpillée entre ciel et terre ?

Évidemment, rien. Personne ne tirait les ficelles avec l'intention d'abîmer ce qui était beau dans notre vie. Non, le sort ne s'acharnait pas contre nous et nous n'étions pas punis par le Bon Dieu pour une faute grave. Pourtant, nous nous sentions coupables, tellement coupables de ne pas t'avoir protégée, nous cherchions sans relâche le moment où nous avions fait le mauvais choix, où nous avions failli.

Quelques mois après ton décès, nous avons rendu visite à un vieil ami juste avant sa mort. Il ne parlait plus mais ses yeux renvoyaient la même lumière et la même intensité que les tiens. La vie qui s'échappait, s'exprimait chez le vieillard comme chez l'enfant dans un même message d'abandon.

Vous attendiez tous deux la mort, vous étiez humbles devant elle et vous vous incliniez pour la laisser entrer. Notre ami et toi l'acceptiez.

Aussi courte soit-elle, ta vie n'a pas été vaine. Immense et exemplaire, elle a donné du fruit. Beaucoup de fruits.

Tu es des plus grands.

Des lendemains qui chantent

Versailles, 2006.

La suite de l'histoire est belle. Nous avons tenu très fort la main de la vie et nous l'avons choisie dans un grand oui. Il était temps de reconnaître la bénédiction que nous avions d'être ensemble, de savourer l'idée d'avoir la vie devant nous et le monde à nos pieds. Nous avons apprivoisé ce fameux temps devenu ami puis lui avons fait confiance, lui qui patiemment répare, reconstruit, érode la souffrance jusqu'à la polir. Nous nous aimions, Gilles et moi, d'un cœur certes en guenilles mais ouvert et débordant d'optimisme.

Rose, tu es venue à notre secours.

Nous nous sommes soignés sans chercher à guérir.

Nous avons retroussé nos manches, nous nous sommes réjouis du bonheur des autres, d'un mariage ou même de la naissance d'un bébé dans la famille. Cette joie qui paraissait impossible, obscène et décalée il y a quelques mois encore, s'épanouissait simplement. Nous avons pris notre seconde chance en nous autorisant de nouveau à sortir, à rire ou à chanter. Être heureux ne s'opposait plus à ton souvenir. Au contraire, c'était l'attiser.

Nous t'avons dédié nos projets et avons trouvé en toi notre raison. Tu es devenue notre espérance, notre pays, notre drapeau. Notre Jeanne d'Arc.

Nos ailes ont repoussé plus étendues et plus robustes. Nous avons sauté à pieds joints dans la confiance.

Là résidait le merveilleux, le miracle que nous n'attendions plus.

Nous nous sommes nourris de la bienveillance délicate de notre entourage. Sur notre épaule s'est posée la main consolatrice de celui qui a osé s'approcher. Il a dit qu'il nous aimait et nous l'avons cru.

Rose, toi seule connais ce fidèle admirateur qui vient fleurir ta tombe.

Le choix de la vie
2018, Mexico.

Jamais tu ne nous as lâchés, j'ai toujours ce curieux sentiment de t'avoir perchée sur mon épaule et d'avancer avec toi. Tu n'es pas restée silencieuse.

J'ai cessé de penser aux enfants que je ne porterai pas, au point que l'idée n'a plus eu la moindre importance. Notre nouvelle fécondité s'est accomplie par la voie magnifique de l'adoption. J'ai appris avec émerveillement que les enfants peuvent grandir sans que nous ayons peur pour eux. Parfois, ils fredonnent la comptine des *Petits poissons dans l'eau* et je chavire dans cette chambre d'hôpital avec au centre, toi, notre Rose dans ton cocon de plastique, puis leurs voix couvrent mon chagrin jusqu'à l'étouffer. Mes enfants teignent le refrain d'une couleur nouvelle.

Rose, l'éternelle

La vue est belle d'ici, elle vaut la peine de prendre de la hauteur.

Ce vieux couple avait raison lorsqu'il disait le jour de mon enterrement que « de toute cette souffrance sortiraient de la lumière et des fleurs, que je n'avais pas donné ma vie pour rien ! ».

Vous comprenez maintenant.

Vous m'avez bercée. Vous m'avez soignée. Vous m'avez rendu la vie belle. Vous m'êtes fidèles. Vous m'aimez d'un amour inconditionnel et éternel. Ne doutez pas, je suis dans chacun de vos pas.

Séchez vos larmes, je n'étais pas née pour cette vie.

Remerciements

Merci à mes parents pour la vie donnée.

Merci à Clémence Gobilliard, Pauline Bouamra, Albane Merer pour leur patience d'archéologue doublée de bienveillance.

Une pensée toute particulière pour mes premières lectrices qui ont chacune apporté leur pierre à l'édifice : Clotilde, Camille, les Olivia, Colette, Marie, Alexandra, Wendy, Caroline, Cécile et Jézabel. Vos encouragements m'ont donné des ailes.

Ce manuscrit aurait pu rester dans un tiroir mais c'était sans compter sur la ténacité d'Olivier Durand qui m'a lancé le défi d'aller jusqu'au bout.

Table des matières

PEFC
PEFC/18-31-103
Certifié PEFC
Ce produit est issu de forêt gérées durablement et de sources contrôlées
www.pefc.it

Achevé d'imprimer en août 2021
par Rotolito en Italie.
N° d'édition : 21160
Dépôt légal : octobre 2021.